KB129755

그 때에는 코로나19 바이러스라는 게 있었지

# 그 때에는 코로나19 바이러스라는 게 있었지

저자 이석호

**제2장**

# 전쟁과 전염병

**제4장**

# 코로나19 바이러스 피해로 인해
# 후퇴한 자가 가야 할 곳은?

**제5장**

# 코로나19 바이러스 사태를
# 예방하기 위한 전략

**제6장**

# 앞으로 달라질
# 사회 환경

# 제1장

## 코로나19 바이러스가
## 우리들에게 안겨 준 피해

# 01

도대체
코로나19 바이러스란
무엇이길래?

기필코 터질 것이 터지고야 말았다. 전 인류를 역병(전염병)이라는 공포의 도가니로 몰아넣은 채, 우리들을 향해 입 닥치라고 하는 소리 없는 그 어둠의 그림자 말이다.

기존의 바이러스에서 똑같은 유니폼을 착용하다가, 한 해 시즌을 뛰고 난 후 이제는 질려서인지 최신 유행에 발맞추어 새로운 디자인의 유니폼을 입어 보고 싶은 욕망에 악명 높은 코로나19 바이러스라는 나노 입자 바이러스로 새 삶을 살고 싶다고 선언했으니 말이다.

전 세계를 코로나19 바이러스라는 얼룩으로 물들이고 수억 명의 확진자를 양산해 내었으니 가히 '역대급'이라 불릴 만하지 않겠는가?


코로나 바이러스란 일종의 감기 바이러스이다. 우리 사람에게 가벼운 감기 증상만 불러오게 한 후 일주일이나 혹은 그보다 며칠의 시간만 지나가게 되면 저절로 사라지는 흔하디흔한 바이러스라고 보면 된다. 그런데 이런 비교적 쉽게 낫는 코로나 바이러스에 비해, 우리 인간들을 아주 혹독하게 못살게 괴롭힌 후, 그것도 모자라 주위에 있는 사람한테도 자신의 성격 사납고 남을 고통스럽게 만들게 하는 코로나 바이러스 3종류가 더 있다.

그게 무엇인고 하면, 2002년 발생했던 사스 코로나 바이러스(중증급성호흡기증후군)와 2012년에 발생한 메르스 코로나 바이러스(중동호흡기증후군), 그리고 2019년에 중국 우한에서 발생한 코로나19 바이러스까지다. 이 바이러스들은 모두 전염성이 강한 바이러스이다.

그중에 이번에 세계적인 대불황 사태와 지구촌을 꽁꽁 얼려 버리게 만든 바이러스가 바로 코로나19 바이러스이다. 코로나19 바이러스는 앞서 설명했던 사스코로나 바이러스, 메르스코로나 바이러스와 사촌격인 바이러스이다. 실체도 같고, 최초 전염되었던 근본원인도 같고 더군다나 코로나19 바이러스는 사스·메르스코로나 바이러스와 그 외관 구조와 성격, 유전자 정보도 거의 흡사하다. 다만, 이들 바이러스와 특별히 다른 점이 있다면, 코로나19 바이러스의 어마어마한 전파력이다.

사스코로나 바이러스와 메르스코로나 바이러스의 감염자가 수천에 불과하다면, 코로나19 바이러스의 감염 인구수는 무려 수억 명을 넘어 버렸으니, 그 속도와 규모면에서 타의 추종을 불허하는 역대급 바이러스라 불리지 않겠는가? 자동차로 치자면, 이제 갓 대중들에게 처음으로 선보이고 출시되는 초기 자동차와 그 후로 약 30년의 세월이 지난 후에 만들어진 자동차의 성능 차이로 견주어 볼 법하지 않겠는가?

그 정도로 이 신종 코로나 바이러스의 전파 속도는 상상을 초월했다.

그럼 어떻게 하다가, 다른 바이러스와 대등한 감염 속도를 유지하지 못하고, 혼자서 그 거침없는 고속도로 주행을 선택하게 되었을까?

코로나19 바이러스의 최초 발원도 역시 사스·메르스코로나 바이러스와 유사한 전철을 밟고 있다. 박쥐에서부터 기원하여 중간 숙주를 거치고 난 후, 최종 숙주인 우리 인간에게 옮겨 왔다. 평범한 감기 바이러스가 아닌, 전염성이 강한 바이러스에 속하는지라, 동물과 사람 간의 종간 장벽도 무시해버린 채, 단숨에 우리 인체 속에까지 파고들어 왔다.

코로나 바이러스는 호흡기, 장의 질환을 일으키는 병원체로 인간을 포함한 소, 개, 고양이, 낙타, 쥐, 박쥐 등의 포유류를 감염시킨다. 코로나 바이러스는 사람과 동물 모두 감염되는 인수공통감염병으로써 동물체에서 기생하고 있던 바이러스가 생존을 위해 유전자를 변형시켜 인체 내 세포에 달라붙기 용이한 모양으로 변신시킨 후, 인간의 몸속으로 침입해 적응하기도 한다.

그리고 코로나 바이러스는 사람과 동물에게 흔히 나타나는 호흡기 바이러스 중의 하나로, 사람에게는 코감기나 설사 등과 같은 가벼운 질병만 일으킨다. 특히 그 중에서 3종류(사스코로나 바이러스, 메르스코로나 바이러스, 코로나19 바이러스)의 바이러스는 우리 몸에 심각한 호흡기 질환을 앓게 하고, 전염성도 강해 섣불리 얕잡아 볼 바이러스가 아니다.

2002년에 발생한 사스코로나 바이러스(중증급성호흡기증후군)나, 2012년 메르스코로나 바이러스(중동호흡기증후군) 원인 역시도 감기를 일으키는 코로나 바이러스이다. 2002년에 발생한 사스코로나 바이러스가 급작스럽게 돌연변이를 일으켜, 모습을 바꾼 것이 바로 코로나19 바이러스이다. 고작, 감기를 일으키는 바이러스이었는데, 하필이면 전염성 강한 변종 코로나19 바이러스이었기에 걷잡을 수 없이 순식간에 급속도로 퍼져 나가 심각한 호흡기 증상을 일으키면서 대규모 확진자와 사망자를 양산했던 것이다. 얼마나 그 전염성이 강력했으면, 제1급 법정전염병의 자리에까지 꿰차고 올라왔겠는가?

단순한 콧물, 재채기, 코 막힘 등 비교적 가벼운 감기 증상만 앓게 하다가, 며칠이면 사라졌을 바이러스가 변이를 일으키면서 인간에게 치명적인 바이러스로 돌변한 것이다.

이러한 전염성 강한 바이러스에 저항하기 위해서 인간의 세포는 바이러스가 활동하기 시작하면 그것에 대항할 수 있는 항체를 만들어 바이러스의 맹공격에 지지 않기 위해서 방어 태세를 갖추게 된다. 그러나 바이러스도 이에 굴하지 않고 자신의 유전자 구조를 바꿔 가면서 어떻게든 생존하기 위해 애를 쓴다.

우리 인체 내에서 코로나19 바이러스는 우리 인간의 면역력이 떨어진 틈을 이용해 슬슬 활동을 개시하기 시작한다. 인체 내에서 코로나19 바이러스는 자신의 유전 물질을 수용해 줄 수 있는 세포 수용체를 물색한다. 물색하는 과정이 끝나면 세포 표면의 수용체와 엉겨 붙기를 시도한다. 수많은 바이러스 무리가 한꺼번에 떼로 몰려들어 달라붙기 때문에 어지간해서는 잘 떨어지지 않는다.

　　게다가, 코로나19 바이러스는 생김새가 바다에 사는 성게를 연상할 만큼 외관 구조가 마치 성게와도 흡사하다. "성게"하면, 대표적으로 떠오르는 특징이 무언가? 바로 그렇다. 몸 바깥으로 뾰족뾰족히 돌출되어 나온 수많은 가시 아니겠는가? 둥그런 몸에 몸 전체를 날카로운 가시로 장식한 모습이 어쩜, 코로나19 바이러스와 그렇게도 유사하지 않을 수 없다.

　　이처럼, 코로나19 바이러스는 자신에게 날카로운 가시가 있기에 세포와의 결합을 용이하게 해준다.

　　이 뾰족뾰족히 튀어나온 스파이크 단백질(돌기)로 세포 표면에 부착한 후, 세포 내로 침투해 들어와 세포 내의 소기관들을 점령하고 이것을 자신의 에너지원으로 사용해서 힘을 얻은 후 세포 내에서 자신(코로나19 바이러스)의 유전 물질을 복제 및 번식시켜 점점 그 수를 늘리어 포화 상태가 되면, 세포막을 뚫고 밖으로 빠져나온다. 이 때, 사람은 몸에 열이 나면서 기침을 하고 근육통과 피로감 및 폐렴, 설사와 호흡 곤란 증상이 나타나게 된다.

이렇다 할 치료제는 개발되어 있지 않기 때문에 백신으로 인한 항체를 형성해서 코로나19 바이러스에 대적하는 길이나, 감염자와의 접촉을 방지하기 위해 마스크 착용으로 비말(침방울)을 통한 감염을 사전에 차단해야 한다.

코로나19 바이러스에 감염되었다고 해서 꼭 죽어야 하는 건 아니다. 치사율이 낮으므로 그만큼 차츰차츰 기력을 회복해 병세를 호전시킬 수 있는 기회는 분명 있다.

그렇다고 하찮은 바이러스라고 해서 안심하기에는 아직 이르다고 본다.

앞서서 말했듯이, 전 세계적으로 수억 명의 코로나19 바이러스 확진자를 생겨나게 했고, 한 나라의 경제뿐 아니라 세계적인 경제의 흐름을 마비시켜 버렸으니 인권 탄압도 이렇게 조용히 몰래 다가와 일격에 치명타를 가해 버리는 소리 없는 인권 탄압도 흔히 찾아보기 어려운 광경일 것이다.

분명, 밤하늘에 반짝반짝 빛나는 별처럼, 실체는 보이는데 날이 밝은 낮에 바라보면 감쪽같이 자신의 모습을 숨기듯, 우리 눈에 잘 목격되지도 않는 미세한 입자가 어쩌다가 생명 활동을 시작해서 수많은 군중을 도탄에 빠뜨리고 세력을 확장시켜 국가 비상사태까지 야기시킨 걸 보면, 코로나19 바이러스는 고작 일개 바이러스에 속하지는 않을 것이다.

　인간과 바이러스는 아주 오랫동안 상호 공존해 왔다. 그동안 면역력이 떨어질 때마다 상습적인 물의를 일으켜 갈등 상황에 직면하기도 하였지만, 그럴 때마다 바이러스는 자신의 살생 무기의 강도를 잘 조절해(치사율) 인간이 버티어 낼 수 있는 한계 체력까지 넘나들지 않은 것으로 보고 있다.

　백신이 개발되고 난 이후부터는 인간의 항체에 의해 자신의 존재가 무력화 되었을 테니 말이다.

　한때, 우리 인간에게 무수히 많은 인명 피해를 안겨 주었던 바이러스도 우리 인체 내 항체에 의해 진압되면 더 이상 활동을 하지 못하고 잠잠해지는데, 하지만 또다시 우리 면역력이 약해지게 되면 과거에 크게 유행했던 그때 그 바이러스 일부가 유전적인 변이를 일으켜서 이제는 과거의 자신의 모습과는 다소 변형된 모습으로 자신의 고유의 유전자 정보만 남긴 채, 신분을 위장해서 우리 몸속의 면역 체계와 다시 또 기나긴 싸움을 걸어 오니, 결코 만만히 볼 상대는 아니라고 본다.

# 02

왜,

무엇 때문에

당할 수밖에

없었는가?

그 때에는 코로나19 바이러스라는 게 있었지

2002년 사스 바이러스와 2012년 메르스 바이러스가 일어났을 때, 그 원인 숙주가 박쥐였듯이 이번 코로나19 바이러스 난동 사태를 촉발시킨 주범 역시 하늘을 날아다니는 포유동물 박쥐였다. 얼마나 많은 바이러스 종류를 몸에 달고 사는지, 발사하는 초음파에도 혹여나 바이러스가 튀어나오는 게 아닐까 싶다.

　수백 종의 바이러스를 몸속에 지니고 있어도 바이러스가 박쥐 세포에게는 자신의 유전자를 증식시키는 게 매우 어려워, 박쥐한테는 바이러스 감염 증상이 잘 일어나지 않고 친화적인 숙주 관계로 공존한다. 바이러스가 이렇게 박쥐 몸속에서는 자신의 기량을 마음껏 펼칠 수 없어 제어당한 채, 살아야만 했던 것은 아마도 먼 과거시대 때 바이러스에 감염되었던 박쥐가 죽지 않고, 끈질긴 면역력으로 버티고 버틴 끝에 바이러스를 물리치고 또다시 바이러스가 진화된 모습으로 변모하여도, 바이러스에 감염되지 않고 버티어 낸 박쥐의 우수한 유전자가 그대로 후손 박쥐에게 이어지지 않았을까 한다.

　이러니, 박쥐를 골칫덩이 바이러스를 몸속에 잔뜩 보유한 움직이는 냉장고 역할을 하는 원인숙주라 불릴 만하지 않겠는가?

　그렇기에 이런 박쥐를 건드리지만 않는다면 우리한테는 전염병을 막을 수 있는 최상의 방법이 될 수도 있을 것이다.

　그 누가 바이러스에 감염되어 열병을 앓아누워 있고 싶겠는가? 자기만 손해 보는 게 아닌, 타인까지도 혹독한 증세에 시달리도록 몰고 가니, 섣부른 과오로 인한 후회스러운 비참한 결과 보지 않기 위해선 가급적 이러한 행동은 일삼지 않을 것이다.

하지만, 그렇게 당부하여도 일부 몰지각한 사람의 무분별한 야생동물 도살 행위와 서식지 파괴 행위로 말미암아 갈 곳을 잃어버린 야생동물들이 생존과 먹잇감을 찾기 위해서 우리 인간들이 살고 있는 구역까지 자연스럽게 넘어오고 또 자주 접촉하는 상태가 되다 보니, 덩달아 무서운 전염병이 초래하게 된 원인도 여기에 있다고 본다.

최초 박쥐에서 중간 숙주(중간 매개체)를 통해, 사람에게 종간 전파된 것으로 보고 있다.

코로나 바이러스도 인수공통감염병(사람과 동물이 모두 걸릴 수 있는 질병)이므로, 종간 장벽이 아무리 높다 하여도 사람에게 옮기기 쉬운 형태로 진화해 버린 이상, 종간 전파는 충분히 가능했을 것이다.


2019년 12월, 중국 정부의 새로운 바이러스 출현 당시, 사람 간 감염원을 두고 정보 공개가 자꾸 늦어지는 사이 코로나19 바이러스는 이를 비웃기라도 하듯, 확진자 수가 급속도로 늘어나기 시작하였다. 우리나라에서도 중국 우한에서 입국한 사람으로부터 국내 첫 확진자가 나오고 난 후, 신천지 대구교회에서 31번 확진자를 분기점으로 해서 본격적으로 집단 감염자가 발생하였다. 더군다나 신천지 대구교회는 집단 감염자가 수없이 발생하고 있는데도 불구하고 초동 수사에 미온적인 태도를 보여줌으로써 보건 당국과 전 국민으로부터 공분을 사게 하는 수모를 당해야만 했다. 여기에 이 신천지교회는 신도들이 예배를 보는 방식도 수백 명이 한 공간에, 그것도 사방이 훤히 다 뚫려 있는 공간에서 서로 간의 간격도 좁디좁은 밀집된 예배 방식을 취했으니 확진자가 연속해서 나올 수 있다는 것은 그야말로 시간문제이었다.

도무지 진상파악 할 확실한 답안은 내주길 꺼려한 채, 자꾸만 사건을 은폐하려고하는 신천지교회의 비협조적인 태도에 수사는 난항에 난항을 거듭하면서 아무런 죄도 없는 선량한 국민들마저 코로나19 바이러스 확진자라는 오명을 씌우고, 극단적인 전염성 질병으로 내몰리게 만들어 버렸다.

이렇게 각종 언론과 사회, 보건 당국, 종교 집단과 정부 기관들이 허술하게 대응하는 틈을 타, 이 사건의 빌미를 제공했던 코로나19 바이러스는 전파력을 더욱 더 키워 수백에서 수천에 이르는 확진자가 순식간에 기하급수적으로 증가하고 그 속도 또한 역대 바이러스와 비교해도 손색이 없어 보였다.

이미 걷잡을 수 없이 번질 대로 번져버린 코로나19 바이러스 사태에 전국의 유치원과 초·중·고등학교 개학 일정은 뒤로 미룰 수밖에 없었고 수업 형태마저 비대면 온라인 교육 수업으로 전환되어버렸다.

　이 혼란한 시국에 국민의 안전을 최대한 더 도모하기 위해 사회적 거리두기를 단계별로 시행하기도 하였지만, 오히려 이러한 전략은 각 기업과 상인, 상점, 직장인이 대거 휴직하거나 사업 부진으로 중단되고, 폐업하면서 자신의 본거지에서 쫓겨나와야 하는 후폭풍을 가져오게 하였다.

　이러한 모든 것이 우리 눈에 잘 보이지도 않은 무생물이기도 하고, 또 생물체 역할을 하는 코로나19 바이러스 하나 때문에 전 국민의 생계가 위협을 받아 버렸으니, 코로나19 바이러스에게 제대로 쇼크 한 방 먹어 버린 셈이다.

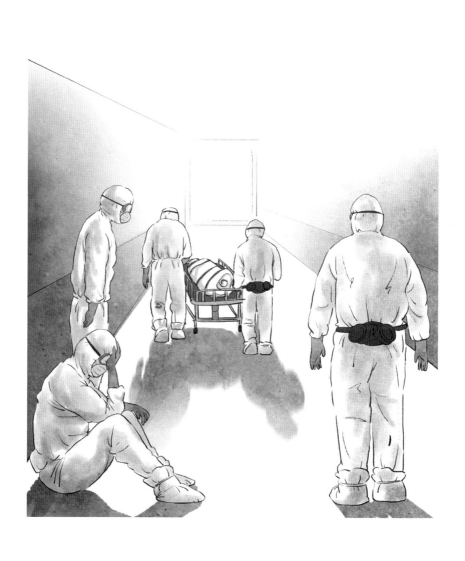

# 03

## 바이러스와
## 세포

사람 몸속에 기생하는 바이러스에는 대략 보통 감기 바이러스와 유행성 감기인 인플루엔자 바이러스, 천연두, 헤르페스, 에이즈, 조류 인플루엔자 등이 있다.

사람 몸속에 잔류하고 있는 바이러스가 오랜 기간 동안 휴면 상태로 있다가, 인간의 면역력이 저하되면 이때를 틈타 여러 개의 바이러스가 세포 속으로 침투, 세포 속에서 번식, 증가하여 병원성이 좀 더 강한 바이러스로 둔갑한 후, 인간에게 질병을 옮기고 이후 더욱더 많은 사람을 감염시킨다. 특히 바이러스는 반드시 생물체의 세포 속에 들어가야 번식을 할 수가 있다. 자기 자신(바이러스)은 아무것도 가진 것이 없기 때문에 다른 생물 세포에 의존한 채 살아가야 되고, 이런 생물 세포에 들어 있는 에너지원을 이용하여 자신(바이러스)의 힘을 증강시키고 개체수를 늘려 나갈 수 있다.

바이러스는 생물체도 될 수 있고 또 무생물의 특성도 보일 수 있다. 무생물일 때에는 아무런 움직임도 없기 때문에 세상 사람들에게 자신의 존재를 알리지도 못한 채 조용히 은폐되어 있는 삶을 살아야만 한다. 하지만 우리의 면역력이 위축되는 날에는, 이를 감지해 숙주의 몸속 세포 속이나 세균 속에 침입하여 본격적으로 숙주 세포가 가진 효소와 에너지를 다 뽑아 먹고 자신과 똑같은 바이러스를 복제, 생산해 내어 개체 수를 점점 더 증가시킨다.

또 중간 대사(세포 내에서 일어나는 화학 반응)를 하는 과정에서 새로운 개체종(변종)의 바이러스도 더러 출현할 수 있기 때문에 이들에게 일일이 대처하기가 참으로 까다롭다.

왜냐하면, 백신이나 항바이러스제를 인체에 투여한다 해도 경과를 기다리는 도중이나 증세가 호전되려는 찰나에 또 얼마 지나지 않아 자신의 유전자 구조를 바꾸어 성질이 다른 바이러스로 변이를 하기 때문에 기존에 사용했던 백신이나 항바이러스제의 효과는 반감하게 된다.

하여, 국내 연구진들이 바이러스를 퇴치하지 못하고, 적잖이 애를 먹고 있는 이유도 그것들(바이러스)이 숙주 세포가 가지고 있는 것(에너지원)을 몽땅 독차지해 자신의 힘을 북돋우고 개체 수를 증식시키는 과정에서 돌연변이를 자주 일으키기 때문이다.

숙주 세포 내에서 필요한 에너지를 다 빼낸다 하여도, 복제하는 과정에서 100% 완벽히 복제한다는 건 사실상 불가능하기에 그중의 일부는 변이하게끔 되어 있다. 자신의 원래 모습을 바꾸어 버린 마당에 신속히 빠른 시일 내에 백신이나 항바이러스제를 일반인에게 보급해 준다는 게 어디 쉬운 일이겠는가? 분명 쉽지 않을 것이다.

또다시 이 새로운 바이러스에 대한 정보 자료를 조사하고 수

집하는 시간과 천문학적인 백신 개발 비용 때문에 여유로운 기한을 두고 연구 조사하는 게 상당한 걸림돌로 작용할 것이다.

그러나 아무리 전파력이 높은 바이러스라 해도, 상당히 높은 치사율을 지닌 채, 강력하게 변이하는 경우는 드물다고 본다. 왜냐하면 치사율이 그만큼 높다면, 바이러스에 감염된 확진자가 채 얼마 되기도 전에 죽어 버리게 되고, 그렇게 되면 자신(바이러스)이 기생하고 있던 숙주(사람)가 죽어 버렸기 때문에 이미 생명을 잃어버린 숙주가 또다시 다른 사람에게 치명적인 바이러스를 옮긴다는 것은 거의 불가능함으로 고로 자신도 죽게 된다.

그 사람이 전염병 때문에 끙끙 앓고 있지만, 살아 있어야 자신(바이러스)을 또 다른 사람(숙주)에게 감염시킬 수 있는 확률이 그만큼 더 많기 때문이다.

그래서 자신(바이러스)이 기생하고 있는 숙주가 죽어 버리면, 자신과 똑같은 바이러스를 또 다른 사람에게 감염시키지 못하게 됨으로 스스로 치사율은 낮추고 전염성은 더 높인 채, 빠른 속도로 돌진해 나간다. 그러다가 결국에는 치사율이 낮기에, 우리 인간들이 개발해 낸 백신에 의해 사라지거나 면역력에 길들여진 인체 내 면역 체계(면역 물질)의 힘에 의해 압도당한 채 자신의 자취를 감추어 버리고 만다.

# 04

## 코로나19 바이러스의

## 세포 감염 경로

바이러스는 숙주 세포로 들어가기 위해서 자기가 선호하는 세포 표면의 단백질 수용체와 결합하려고 작전을 세운다. 바이러스는 인체 내에 잠복해 있다가 숙주의 면역력이 떨어질 때를 기다려, 그 시기가 다가오면 재빨리 숙주 세포를 공격해 세포를 에워싼 채 세포 안으로 침투한 후 그 안에서 물질 대사(사람이 밥을 먹고 에너지를 만들어 내듯) 작용을 하고 번식하여 자신의 개체 수를 늘린 다음에, 살아갈 공간이 부족하면 세포막을 뚫고 나가 우리 인간에게 혹독한 감염성 질병을 일으키게 만든다.

이번에 코로나19 바이러스 사태를 야기했던 이 코로나19 바이러스도 이와 같은 방법으로 세포 침입을 시도했다. 숙주의 면역력이 깨지자, 어김없이 무생물에서 유기체의 모습을 보여 주기 위해 꿈틀거리기 시작하였다. 그리고 자기(코로나19 바이러스)가 좋아하는 안지오텐신전환효소 2(ACE 2)를 갖추고 있는 세포를 찾기 위해 인체 내 탐험을 시작한다.

머나먼 탐험 끝에, 때마침 안지오텐신전환효소 2(ACE 2)를 가진 세포 표면의 단백질 수용체를 발견하자마자 너도나도 죽기 살기로 악착같이 매달리기 시작한다. 만약 결합하지 못하게 되면 바이러스는 사멸되기 때문에 어떻게든 달라붙기 위해서 안간힘을 쓴다.

코로나19 바이러스는 생긴 모양이 바다에 사는 밤송이 조개 성게를 연상케 한다. 그 중에서 뭐니 뭐니 해도 성게의 트레이드마크는 불쑥불쑥 튀어 나온 가시 아니겠는가?

하여, 코로나19 바이러스 또한 자신의 가시인 스파이크단백질을 이용하여 세포 표면에 있는 안지오텐신전환효소 2 단백질 수용체에 접합(달라붙음)해서 본격적으로 침투한다.

여러 바이러스가 떼로 덤벼들기에 안지오텐신전환효소 2를 가지고 있는 세포 자신도 얼른 면역 세포들이 도와주기를 바랄 것이다. 그러나 코로나19 바이러스 또한 그렇게 되는 걸 바라고 싶지 않기에, 면역세포들이 눈치 채기 전에 서둘러 세포 속으로 들어가고 싶은 마음이 굴뚝같을 것이다. 게다가 여기에 세포 표면의 또 다른 부위에서 코로나19 바이러스가 세포 속으로 침투하기 좋게 도와주는 세포 효소가 있다고 한다. 그게 무언고 하니, 바로 퓨린가수분해효소라고 한다. 가수면 가수답게 무대 위에서 방청객들을 위해 노래 한 곡조 뽑고, 뿔뿔이 흩어져 버리면 되는 것을 뭣 때문에 달갑지도 않은 코로나19 바이러스에게 관여하려고 할까? 그것도 돈도 안 받고 무상으로 도와준단다. 어떻게 도와주는가 봤더니, 퓨린가수분해효소가 코로나19 바이러스 표면에 뾰족뾰족하게 돋아나 있는 이 스파이크단백질(돌기)을 싹둑 잘라 내는 가위 역할을 한단다. 이렇게 가위로 잘려진 빈틈으로 코로나19 바이러스의

DNA, RNA를 세포 안으로 쏟아 내어 증식하기 시작한다.

이렇게 해서 코로나19 바이러스가 세포 안에서 세포 소기관들을 이용하여 물질 대사(사람이 밥을 먹고 에너지를 만들어 내는 것)를 하고 자신을 복제 및 번식해서 그 수가 점점 많아지면 본인(코로나19 바이러스)이 거주하였던 이곳(세포 속)을 뚫고 밖으로 빠져나옴으로써 단숨에 병이 없는 사람을 병이 있는 사람(확진자)으로 만들어 버린다.

따라서, 항원 물질을 인체에 주입하여 항체를 형성할 수만 있다면 코로나19 바이러스가 더욱 더 크게 퍼져 나가거나 더 심해지기 전에 감염률도 낮추고 증세가 호전되는 효과를 기대해 볼 수도 있을 것이다.

그러나 이번에 세계적인 팬데믹 현상을 가져오게 했던 코로나19 바이러스는 기존에 유행했던 바이러스하고는 좀 더 다른 양상을 보여 주고 있다. 감염자 수만 보더라도 그 수치가 월등히 높은 편에 속한다. 이렇게 전파력이 높았던 것도 코로나19 바이러스의 뾰족이 튀어나온 돌기(스파이크단백질)와 친근 관계를 유지했던 안지오텐신전환효소 2(ACE 2) 단백질 수용체를 가진 세포와 결합력이 좋았던 것도 한몫했다.

그런데, 코로나19 바이러스가 좋아하는 건 안지오텐신전환효소 2 단백질 수용체 말고도, 또 하나의 침투 경로인 세포 수용체가 더 있었다. 그게 무언고 하면, 바로 뉴로필린-1 이라는 단백질 수용체이었다. 그러니까, 코로나19 바이러스의 뾰족하게 튀어나온 스파이크단백질이 세포 표면에 있는 안지오텐신전환효소 2 단백질 수용체와 결합하는 동시에, 또 다른 세포 표면 부위에 있는 뉴로필린-1 단백질 수용체와도 결합한다는 것이다.

코로나19 바이러스의 스파이크단백질이 세포 표면의 안지오텐신전환효소 2 단백질 수용체에 결합할 때 퓨린가수분해효소에 의해 잘려지면서 한쪽이 안지오텐신전환효소 2 단백질 수용체와 결합하고, 동시에 잘려진 한쪽이 뉴로필린-1 단백질 수용체와 결합하면서 감염력도 더 강해지고 독성 또한 더 세진다는 것이다. 세포 하나에, 두 군데를 움푹 찔러 들어왔으니, 감염이 더 잘된다는 것은 옆 집 백수도 알고 있는 사실 아니던가?

코로나19 바이러스가 자신의 스파이크단백질을 이용해 세포 표면에 있는 안지오텐신전환효소 2 단백질 수용체와 또 다른 부위에 있는 뉴로필린-1 단백질 수용체에 꽉 달라붙으면서 삽시간에 침투해 버렸기 때문에 세포로선 감내해 내기가 무진장 어려웠을 것이다.

한 군데만 침투했었더라면, 그래도 이 악물고 최후의 일전을 벌여서라도 될 수 있는 대로 바이러스의 세포 속으로의 침투 속도를 조금이나마 지연시켜 면역 세포들의 지원 세력이 세포 주위에 가까이 도달해 왔을지도 모른다. 그러나 두 군데가 뚫려 버린 이상, 아무리 발버둥 쳐 봐야 깊은 수렁 속으로 점점 더 빠져들어 갈 수밖에 없는 상황이었을 것이다.

사람으로 치면, 입을 통해서 들어오고 항문으로 통해서 들어온다면, 순식간에 특단의 대책은 얼른 나오지 않을 것이다. 이렇게 상황이 점점 더 처치 곤란한 상태가 되어 가다 보니, 이 놈의 코로나19 바이러스는 이 여세를 몰아 파죽지세로 이러한 작전을 구사하면서 결코 자신(코로나19 바이러스)의 번식 속도를 늦추려고 하지 않았다. 백신이 나올 때까지는 말이다.

# 05

코로나19 바이러스로 인한

경제적 손실

전 세계가 코로나19 팬데믹 현상으로 인하여 대기업이든, 중소기업이든, 소기업이든 가계, 소상공인, 기관, 단체이든 가리지 않고 엄청난 파동을 겪으면서 헤어 나오기조차 곤란한 상태로 실의에 빠져 버렸다. 그야말로 난국도 이러한 난국이 과연 있을까 한다.

대수롭지 않을 것 같은 전염병으로, 시간이 지나가면 기세가 약화하면서 이내 꼬리를 감출 것이라 봤었는데, 이러한 말을 단번에 무효로 돌려세워 버릴 정도로 삽시간에 여기저기에서 애타게 울부짖는 사람들의 "워..워.."하는, 신음 소리로 만들어 버린 역대급 바이러스 전염병으로 급성장해 버렸다.

기습으로 훅 치고 들어오는 공격에 사람들은 두 손이 있는데도 도무지 손을 쓸 수 없는 상태로 속수무책으로 당하기 일쑤였다. 이렇게 코로나19 바이러스의 공격은 단 한 방의 펀치로 끝나지 아니하였다. 거침없이 물밀 듯이 공격해 오다가도, 잠시 숨 고르기로 한 템포 늦추면서 잠잠하다가 상대가 반격의 기미를 보이려고 하면, 이내 재차 2회, 3회, 4회 연속으로 카운터펀치를 날리면서 쉽사리 자신의 존재를 꺾으려고 하지 않았다.

인간의 백신이 공급되었어도, 코로나19 바이러스의 거침없는 파상 공세는 진정세를 보이기보다는 국제 경제의 고리를 끊어 버리고 국가 경제를 마비시켜 버릴 작정이었다.

전염병이 사회 전체적으로 퍼지게 되면 사회 시스템이 활력을 잃어 마비가 찾아오게 된다.

일부 사람은 전염병의 확산을 가까운 시일 내에 잠재울 수 있을 것 같다는 식으로 얼추 포장해 보기도 하지만, 어불성설이다. 이미 바이러스가 크게 번성해질 대로 번성해져서, 퍼지지 않는 지역이 전무하다시피하다. 그리고 이번 코로나19 바이러스 사태로 부유층이든 중산층이든 취약 계층이든 각계각층에서 피해 확진자가 나오고 지위 고하를 막론하고 그 누구도 코로나19 바이러스의 직격탄을 피해 갈 수 없었다.

암만 돈이 많은 부자라 할지라도 일반 서민들처럼 숨죽이며 상황을 예의 주시해야만 했다.

설령, 백신이 나왔어도, 코로나19 백신 접종 우선순위대로 따라야 했으므로 부유층 또한 별다른 수단을 쓰지 못하는 건 당연한 일이었다. 그러나 본인(부유층)들만이 소유하고 있는 풍부한 재산적 측면에서는 그래도 없는 서민들보다야, 숨통이 더 트이지 않겠는가?

그 동안 축적해온 자산에 손 몇 번 갖다댄다고 재산이 통째로 닳아 없어지지는 않으니 말이다. 여기에 비한다면, 서민층과 사회적 취약계층들은 전염병이 기하급수적으로 늘어나고 있는 시국에 부유층보다는 아무래도 전염병에 걸릴 확률이 더 높지 않겠는가?

부족한 살림살이에 개개인의 영양 공급 면에서도 상류층과 견주어 열등하고, 위생 상태에서도 질병으로부터 고통받지 않고 어떻게 해서든 이러한 고통 속에서 헤어 나오기 위해 목숨줄을 연명해 보기도 하지만, 진료·처치 행위로 인한 높은 진료 비용, 검사, 치료받고자 하는 시간 선택의 어려움 등으로 개인의 건강을 보호할 수 있는 병·의원 이용에 적잖이 애를 먹고 있다.

또 여기에, 전염성이 강한 바이러스에 감염이라도 되기라도 한다면, 사회적 분위기가 떠들썩한 판국에 자칫 자신이 다니는 직장을 잃어버릴 수도 있고 덩달아 살림살이도 더 궁핍해진다. 더군다나 아직까지 백신이 개발되지 않은 상태라면, 전염성이 강한 바이러스는 남녀노소, 인종, 국적, 부유층, 극빈층, 대기업이든, 소상공인이든, 월급 받고 생활하는 직장인이든 가리지 않고 확산돼, 급기야는 사람과 사람이 만날 수 있는 자리조차도 급습해 들어가 그 모임, 약속장소마저도 봉쇄시켜 버릴 것이다.

만약, 그 무리에 끼어들어 서로 만나기라도 하는 날에는 신체에 감염성 바이러스를 지니고 있는 사람이 뜻하지도 않게 다른 사람 몸속으로 들어가 치사율이 높은 바이러스를 옮길지 모르기 때문에, 오래간만에 만나 보는 사람이라 할지라도 보호용 마스크를 잘 착용하여 타인 및 개인위생에 허술함이 없도록 힘써야 할 것이다.

또 전염성 바이러스가 한창 성행할 때에는 일하는 노동력이 심각하게 감소하여 각 대·중·소기업 상당수의 업체가 회사를 경영하기에 턱없이 부족한 일손으로 거래물동량을 맞추는 것은 지극히 어렵다. 그러하오니, 제 때 공급 기일에 보내 주어야 할 물품을 약속한 날짜에 출고시키지 못해 생산 통로가 차일피일 미루어진다면 여기서 얻어지는 이윤이 없기에 자금 확보가 어려워 줄줄이 도산하는 건 불 보듯 뻔하지 않겠는가?

이번에 발생한 코로나19 바이러스가 마치 이러하였다.

생활에 필요한 물품을 가공하여 완제품을 외국으로 수출하는 제조 회사인데, 완제품에 필요한 부속품을 외국에서 들여와야 되는 상황에서 코로나 사태로 인하여 판로가 막히니, 제품 생산에 적잖이 애를 먹었다. 그렇다고 국내에서 사들이거나, 생산하는 것도 워낙 높은 가격이 들어가니 매달 발생하는 적자에 손을 놓아야 하는 지경에까지 처했다.

외국 회사로부터 완제품을 만드는 데 필요한 부품을 구해 와야 정해진 시일 내에 완제품을 출고시키고 해외 발주 회사(거래처)로 안전하게 인도해 주어, 여기에서 발생한 이윤 획득으로 회사를 잘 운영해 나갈 수 있는데 코로나19 사태가 장기적으로 지속되니, 더더욱 시름만 깊어질 뿐이다.

게다가 다른 나라(외국 회사)같은 경우는, 마스크나 코로나 의료 검사용 장비 체계가 원만히 준비되지 않아 조업(기계 따위를 움직여서 일을 하는 것)을 하는 데에도 여러모로 차질을 빚었다.

마스크가 있어야 일을 할 수 있는데 더구나 높은 돈을 주고도 마스크를 구입할 수도 없는 실정이라고 하니, 참으로 난해한 입장만 보여 주고 있다.

외국 회사 또한 코로나19의 여파로 우리와 같은 대면 접촉을 기피하는 현상이 거의 모든 산업 전 분야로 확산되어 여기저기 하나같이 인력 부족을 호소하고, 자연스레 일할 수 있는 인력이 줄어드니 일부 생산 라인은 조업 중단이 되고 생산량 감소로 인한 실적 저하, 매출 하락, 거래처 수주량(주문량)도 들어오지 않으니, 어디 정상 가동화가 되겠는가?

국내·외를 막론하고 사회적 거리두기 시행으로 모든 산업 부문에서 직장 내 대면 접촉 근무를 할 수 없으니 유연근무, 재택근무는 불가피하였다. 또한 재택근무를 할 수 없는 사업장의 경우, 휴가 제도를 통해 필수 인원만 회사 내에 배속시키고 나머지 인원은 일정 기간 회사를 떠나간 채 회사를 운영해 나가야 했으므로 여기에서 오는 충격은 마치 신체의 급소를 맞는 기분과도 같았다.

최초 원산물(원재료)에서부터 가공을 거쳐, 어떠한 제품이 생산되기까지 사람의 노동력이 투입되어야 기계를 이용해서 제품을 대량 생산해 낼 수 있는데 정해진 인원수보다, 더 줄어든 노동력으로 모든 공정을 맡아 설정된 물동량에 맞추어 업무를 마감한다는 것은 사실상 해내기도 벅차고, 능률성도 확연히 떨어져 생산량이 현저히 감소될 것이다.

여럿이서 조업(기계를 움직여서 일을 하는 것)을 했을 때와, 비교해 보면 속도와 생산성에서 확연한 차이가 벌어져 생산 목표 기준치에 미달되는 나날들이 하루가 멀다 하고 연속적으로 발생하니 골머리를 앓지 않겠는가?

하여, 기나긴 사업 부진의 연속으로 기업 도산마저 목전에 와 있는 이 시점에 코로나19 사태 이전보다 훨씬 부족한 생산량(물량)으로 자국 내에 공급할 제품의 수효도 모자랄 터인데, 어디 해외로 수출할 만한 여유분이나 있겠는가? 해외 수출까지는 아니더라도 그나마 자국 내에서 안전한 수요처를 찾아, 안전하게 대금 결제받고 물품을 공급해 주기라도 한다면 이것만으로도 감사한 일일 것이다.

이러니, 일부 국가가 코로나 여파로 인한 노동력 부족으로 외국(다른 나라)과의 무역을 금지하고 차선책으로 수출 금지함으로써 자국의 안정화를 우선적으로 꾀하는 것 같다.

이렇게 일부 국가가 자기 나라의 안전을 더 보호하기 위해 수출을 하지 않고 단단히 문을 걸어 잠그고 있으니, 여기에 해

당하는 상품을 수입에 의존해야 하는 나라들에게 직접적인 타격을 가하지 않겠는가?

이렇게 된다면, 필요한 상품을 수입을 하지 못해, 애걸복걸 목말라하는 소비자들의 고민은 더욱더 깊이 타들어 갈 것이다. 그리고 또한, 필요한 상품을 수입을 하지 못하였으니 창고에 재고되어 있는 물건들은 그 값이 2배~3배로 껑충 뛰어오르거나 필요 이상으로 구입하지 못하도록 판매 제한을 둘 것이다.

그러나 사태는 이것으로 끝나지 않고 해당 상품을 더 많이 차지하기 위한 사재기 현상도 나라 안팎에서 비일비재하게 일어나고 물가 안정을 촉구하는 거센 시위와 여기저기에서 들려오는 한결같은 시끄러운 소리, 방화, 절도 사건으로 우리 사는 사회를 얼룩지게 만들어 버릴 것이다.

언제까지 풀릴지도 모르는 각 나라의 강력한 봉쇄 조치에, 필요한 자원을 급히 공급받아야 하는 나라들이나 또는 자국에서 나오는 생산물을 해외로 유통시켜야 하는 나라들이나 다들 마찬가지로 주고받기를 원활히 이끌어 가지 못해, 자국의 국민들의 생계 위협만 더욱더 가중시킬 것이다.

이렇듯, 코로나19 바이러스 사태로 인해 피해를 입은 피해자들의 피해 약정 기간은 도통 어디까지 될 것인지 그 끝을 종잡을 수 없었고, 직장을 내 집마냥 생각하고 열정적으로 근무했던 직장인들도 사회적 거리두기로 인한 일시휴직으로 정든 내 직장을 떠나야만 했다.

매달 월급을 받는 월급자들 이외에도 숙박업, 음식점업, 도·소매업, 예술, 스포츠업에 종사하는 사람뿐만 아니라 거의 모든 업종에 빨간불이 켜지면서 대란이란 대란은 다 몰고 와, 우리들이 설 땅도 비좁게 만들어 버리고 이에 항의하고자 하는 말도 벙어리 냉가슴 앓듯(마스크로 입을 막고 있으니 벙어리 못지않게 답답하다) 속 시원히 못하게 되니, "내가 지금 살아 있는 사람이 맞나?" 하고, 멀쩡한 자기 자신에게 의심하는 증세까지 키워야만 했다.

말 그대로 코로나19 바이러스에 의해 지배되는 세상을 마치 보고 있는 듯이 말이다.

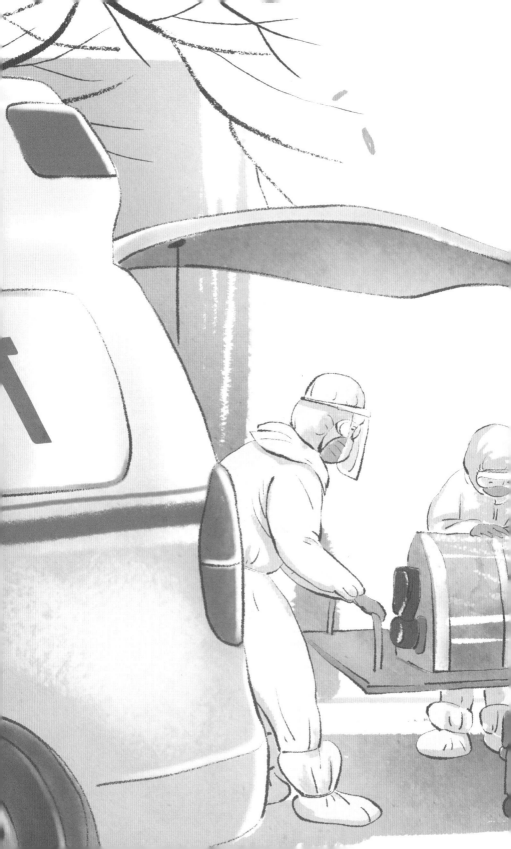

# 제 2 장

## 전쟁과 전염병

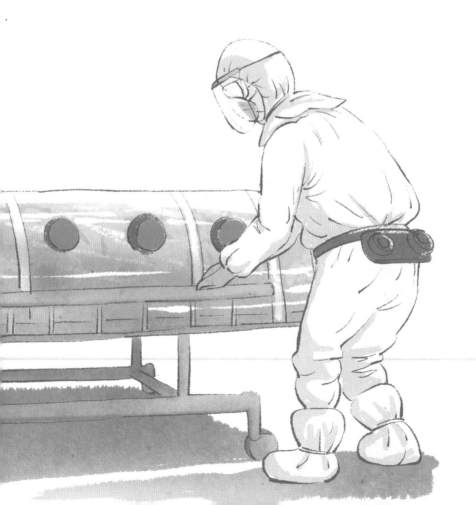

# 01

전쟁과

전염병의

상관관계

전염병도 전염병이지만, 전쟁으로 인해 사망자가 다수로 생겨나게 되면 그 이후엔 전염병이 찾아온다. 서로 간의 분노를 잠재우지 못해 일순간에 전쟁이 터져 버리듯, 전염병도 발병 초기에 기선 제압을 하지 못하게 되면, 걷잡을 수 없는 사태로까지 번지게 된다.

더구나 전쟁 중에 일어난 전염병은 의료 체계가 열악하여 환자를 제대로 돌볼 겨를도 없을뿐더러 환자의 안전에도 소홀할 수밖에 없다.

적군의 총탄과 포탄에 생명의 위협을 받고 또 소리 없이 찾아오는 전염병에 고스란히 노출되니 전쟁의 공포 속에서 이중으로 받는 중압감이란 실로 대단하다고 볼 수 있다.

이렇게 적군의 총성이 오고가는 전쟁터에서 다치거나 죽은 사람들은 우르르 쏟아져 나올 것이고 피로 얼룩진 땅의 흔적은 쉽게 지워 버릴 수 없거니와 죽은 시체에서는 심한 악취와 부패하면서 생기는 세균들은 병원성 세균으로 그 위세를 떨칠 준비를 이미 하고 있을 것이다.

그럼으로써 대규모 팬데믹 현상은 전쟁과 그 맥을 함께 할 것이다.


1918년 제 1차 세계대전이 끝난 직후 스페인독감으로 무려 5천만 명이 사망하였다.

1951년과 1957년에는 천연두와 아시아독감으로 인해 1만 1530명이 사망하고(우리나라) 100만 명이 사망하였다. 이때에도 6·25전쟁이라는 한반도에서의 남북한 군사 대립으로 인한 갈등이 있었다. 또 1968년에는 홍콩독감으로 인해 100만 명의 수많은 사람이 목숨을 잃었다. 이때에도 역시 베트남전쟁이 결부되어 있었으므로 전쟁과 전염병은 원인에 따른 결과가 일어나리라는 것을 우리들 눈앞에서 보여 주고 있다.

그리고 또 1340년대 몽골제국에 심각한 기후변화로 인해 식량 부족과 삶의 터전에 극심한 피해가 발생하자, 유럽으로 정복 전쟁을 발발시키고 자국 내의 전염병에 걸려 죽은 군인의 시체를 투석기에 담아 상대국의 성벽 안에 투척해 버림으로써 그 결과, 유럽에서는 흑사병(페스트)이 급속도로 펴져나가 유럽 인구의 3분의 1 이상이 사망하는 대재앙이 일어났다.

이 모든 것이 전쟁과 맞물리면서 엄청난 후폭풍을 몰고 온 것이다.


이처럼 전쟁을 하게 되면 피해 보는 점이 이만저만이 아니다. 전쟁을 하게 되면 여러 장소를 돌아다녀야 하기에 거기에 따른 피로도와 영양 상태도 결핍되어 있고, 수면도 부족하고 비위생적인 환경에 자연스럽게 노출되게 된다. 거기에 몸의 부상도 있고, 자주 씻을 수도 없으므로 면역력이 크게 약화

할 수밖에 없다. 이런 와중에 누군가가 자칫 전염병에 걸리기라도 한다면, 집단 전체에 퍼지는 건 순식간이다. 또 전투가 벌어지는 장소가 바뀔 때마다 병력도 해당 지역으로 이동해야 하기에 어느 특정 지역 한 장소에서만 전염병이 정체되지 않고 이동하는 장소마다 퍼뜨려 놓을 것이다.

또 전쟁이 일어나게 되면 수많은 사망자가 생겨나게 된다. 이곳저곳에 널브러져 있는 시신들을 그대로 방치해 두면, 심한 악취가 풍기고 시간이 지날수록 시신은 부패하게 된다.

그리고 그 부패된 시체에서는 여러 가지 세균이 득실거리고 순식간에 전염병까지 돌아 걷잡을 수 없이 수많은 인명 피해를 가져오게 만들고 아직 역병에 걸리지 않은 사람한테도 자유로운 활동을 제한하게 함으로써 공포에 벌벌벌 떨게 하기도 한다.


적국과의 치열한 교전 속에서 적의 미사일, 포탄, 폭탄, 폭발로 인해 풀과 나무가 사라지거나 감소하게 되면, 지표면은 많은 양의 태양에너지를 흡수할 수 없으므로 오랫동안 열기를 보존하지 못해, 지표면의 온도는 낮아지게 됨으로 이로 인해 하강기류가 형성되고 이 지역의 강수량도 적어질 수밖에 없다. 강수량이 적으니, 토양 속의 수분도 적어 농사를 지어도 여기에서 얻어지는 수확량은 고사하고, 농사를 지을 경작지로도 부적합한 버려진 농지가 되고 만다.

이렇게 한동안 가뭄, 또는 혹독한 추위가 잦게 되면, 심각한 기후변화로 말미암아 농사를 지어야 할 농경지는 이전보다 더 축소되면서 여기에서 나오는 농작물의 생산량도 덩달아 줄어들어 기아, 영양 상태 불균형으로 신체 면역력 또한 급격히 쇠퇴하게 된다.

면역력이 떨어지니 바이러스나 세균에 의한 질병에 시달릴 확률은 더 높아짐으로 전염병이 발생해서 퍼지는 건 시간문제라 볼 수 있다.

그러니, 전쟁이 끝나면 초토화된 토지에 재빨리 나무를 심어, 황폐화가 더 진전되지 못하도록 결손된 부분을 어서 복구하여 제2차 재앙으로 가는 길을 신속히 차단해야 할 것이다.

그보다 앞서서 전쟁을 사전에 막을 수만 있다면, 전쟁 후 불이익은 서로 간에 보지 않으니, 참으로 다행스러운 일 아니겠는가? 서로 간에 자국의 민생을 궁핍하게 하지 않는 지도자가 있다면 전쟁이라는 발화에서 차츰차츰 멀어져 안락으로 가는 희망의 불씨만 연상되지 않을까?

이렇듯, 전쟁 시에는 적과 싸워서 죽거나 다친 사상자 못지않게 전염병의 피해 수효도 크고, 확산 속도도 빠르다고 볼 수 있으므로 전쟁과 전염병은 서로 상관관계가 긴밀하게 연결되어 있음을 다시금 우리들에게 각인시켜 준다.

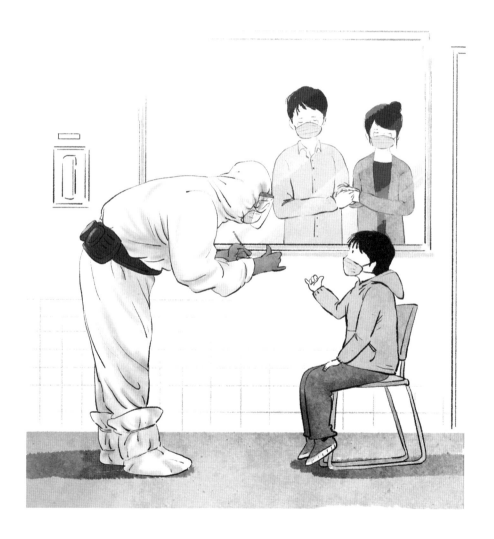

# 02

전쟁,
무엇 때문에
하려 하는가?

물론 전쟁을 하지 않으면 국가 간에 전투력 낭비, 군수 물자 소모가 없어서 좋긴 좋다.

이러한 정책(전쟁을 하지 않는 방법)을 격변의 소용돌이 속에서 구출해 내기 위해 진땀을 빼는 것을 마다하지 않는 나라의 지도자가 있다면, 자국의 국민들에게 전쟁을 함으로써 나타나게 되는 물적·인적 자원의 피해가 얼마나 큰지 뼈저리게 각인시켜 줄 것이다.

전쟁을 해야 하는데 합리적인 근본 정책이 떠오르지 않아, 피 흘리고 상처 주는 전쟁을 막아내는 데 역점을 둘 것이다.

전쟁을 한다고 해서 반드시 이기리라는 보장도 없고, 전쟁을 한다고 해서 자국에 무조건 이익이 있는 것도 아니다. 그런데도 기어이 전쟁을 일으키기 위해 원스텝, 투스텝 부지런히 목표를 향해 한 발짝 한 발짝 앞서 나가려는 나라가 있다. 그들이 일으키려고 하는 전쟁이라는 건 단순히 국가가 위험에 처해서 전쟁을 하는 것보다는, 각국과의 힘의 균등을 원하지 않는, 서로가 대치하고 있는 국가와 국가 사이의 힘겨루기에서 패권을 차지하기 위한 전쟁일 것이다.

우리는 너희 나라와 달리, 경제력, 군사력, 국민들이 느끼는 행복지수 또한 더 우세하다고 보니, 절대로 우리나라를 얕보거나 건드릴 요량으로 우리에게 피해를 주어선 아니 된다는 그런 결의에 찬 태도 말이다. 실제로 양 국가의 현재 처해 있는 실태 조사를 한다면, 누가 열세이고 누가 더 우위에 있는지 가늠하기 곤란할 정도로 서로 엇비슷하긴 하다.

그래도 서로 간에, 각국 간의 라이벌 의식을 가질 만한 전통을 꽤나 오랜 시간 동안 유지해 왔다면 어느 한쪽(한 나라)이 어느 특정한 분야에서 처져 있다고 생각되는 분야를 상대국에게 보여 주기 싫을 것이다. 기술력에서 차이가 난다면, 대립하고 있는 경쟁국은 대번에 낌새를 파악하고 상대국보다 발 빠르게 관련 분야에서 유능한 엔지니어들을 초빙하거나 타지로 연수를 가서라도 교육 훈련에 집중 투자해, 어떻게 해서든 경쟁 상대국과의 기술력에서 우세를 점하려고 한 치의 양보도 없이 기술력에서 치부를 드러내지 않기 위해 국내에서 기술력을 보다 더 증진시키기 위하여 무진장 애를 쓸 것이다. 자기 나라가 상대적으로 더 월등하다는 위세를 공식적으로 만방에 알리고 결코 우리나라를 통하지 않고서는 법과 질서가 바로 설 수 없다는 그런 봉건주의적인 제국 말이다. 그러한 제국을 표방하기 위하여 무턱대고 전쟁을 치르는 것이 아닐까?

또 혹은, 자원에 의한 전쟁일수도 있다. 자원이 있어야 자국에 있는 국민들도 저렴한 가격으로 알뜰한 경제 생활을 영위할 수 있고 국가 재정도 풍부해 국민들의 세금도 줄일 수 있고, 부강한 나라가 될 수 있다. 자원이 부족하면 당연히 자신들이 가지고 있는 자원이 불리한 조건에 처해 있는 쪽이 밀리기 십상이다. 그러기에, 자원을 보다 더 많이 차지하기 위해서 전쟁이 일어날 수 있다. 특히 석탄, 석유, 천연가스 같은 지하자원들은 열효율도 뛰어나고 우리 인간 생활에 없어서는 안 될 필수 자원이다. 그중에서 석유는 배나 비행기, 자동차의 연료로 쓰이기 때문에 만약 석유가 없다면 배나 비행기, 자동차는 움직이지 못해 사용할 수 없게 된다.

한낱 고철덩어리에 불과하게 된다 이 말이다. 그리고 철과 같은 금속자원들도 역시 그 쓰임새가 전쟁할 때 전쟁 무기를 만드는 데 필요한 필수 재료이므로 그 값어치가 크다고 볼 수 있다.

그러기에, 풍부한 지하자원을 둘러싸고 각국이 호시탐탐 기회를 엿보며 자원을 더 많이 확보하기 위해 다른 나라의 영해권을 침범하거나 영토를 침입해, 전쟁을 치르기도 할 것이다. 그러나, 석탄, 석유, 천연가스 같은 지하자원들은 모두 다 비재생자원이므로 한 번 써 버리면 그걸로 끝이다. 더는 두 번 다시 재활용해서 쓰지 못한다 이 말이다.

이런 자원들은 고가이고, 우리 생활에 없어서는 안 될 귀한 자원이지만 이를 무시하고 지속적으로 채굴하는 것을 멈추지 않는다면 어느새 바닥을 드러내고 말 것이다.

화석연료이자, 한번 써 버리면 다시는 재생되지 않는 비재생 에너지이므로 땅에 묻혀 있는 매장량이 한정되어 있다. 매장 량이 한정되어 있으니 과잉 채굴하게 되면 틀림없이 고갈된다 이것이다. 그러니 이런 부존자원은 부족해지기 전에 아껴서 잘살던가, 아니면 먼 미래를 대비해서 신재생에너지를 부지런 히 개발해 지금의 지하자원 낭비를 최대한 예방하는 것이 먼 미래에 닥칠 자원 대재앙 현상을 막는 지름길이 될 수 있다.

　또는 자기 나라의 주권을 회복하기 위해서 전쟁을 할 수도 있다. 이미 주권이 남의 나라에게 예속되어 버린 이상 주권이 상실된 피지배 국민들은 하루하루가 공포와 심하게 짓눌린 억 압, 그 자체일 것이다. 도저히 손을 쓸 수 없을 정도로 주권이 빼앗겨 버린 국민들을 마구 말살하니 어디 이런 광경을 눈꼴 사나워서 계속 볼 수 있겠는가? 설사, 남의 나라가 주권을 몽 땅 다 빼앗아 피지배 국민들을 편히 대접한다 해도, 이들이 언 제까지 이렇게 넉살 좋게 대해 줄지도 모르는 일이고 암만 너 그렇게 대해준다 해도 이미 주인된 권리가 상실되어 버린 이 상 독자적으로 행동하는 데에도, 여러모로 제약이 따르는 게 한둘이 아닐 것이다.
　무엇을 하는 데에도, 그 무슨 일을 처리하는 데에도 이들(주 권을 빼앗은 나라)의 감시와 통제를 받아야 함으로 실질적인 자유 권리 행사를 할 수 없다. 자유 권리 행사를 할 수 없으니 이들이 내세운 통제적인 조항에 다소 불만이 있더라도 따라야 된다.

그러나 이러한 것들도 일일이 하나하나 다 지키는 데에는 반드시 무리가 따른다.

남의 나라에 예속되어 있는 이상 독자적으로 마음 놓고 할 수 있는 일에 불만 사항이 없을 수 없으므로, 종속 받는 나라의 국민들의 심기는 매우 혼란스러울 것이다.

너무 높은 세금 제도, 불합리한 정책, 각종 부조리가 판을 치고, 질서가 바로 잡히지 않는 불안한 시국에서 하루라도 떨어져 나가기 위해 발버둥 칠 것이다. 주권을 빼앗기기 이전의 상태로 회복하기 위해서, 그들의 통제 권역에서 벗어나기 위해서 무던히도 자유 독립을 하고자 각을 세울 것이다. 피 흘리는 전쟁이라도 불사하고서라도 자유의 날개를 펼치려고 애를 쓰며 독립 전쟁을 일으키려고 할 것이다.

그 외에 나라 안에서의 내부 분란으로 인한 혁명도 들 수 있다. 무능한 정부의 가렴주구, 회복되지 않는 경제 위기, 부정부패에 환멸을 느낀 국민들의 불만은 더욱 더 증폭되고 더 이상 희망이 보일 것 같지 않은 불안함에 곳곳에서는 반정부 시위, 내전으로 인한 피 튀기는 혈전이 난무하는 대혼란 속의 전쟁 또한 빼놓을 수 없다.

이러한 전쟁들도 각국의 당사자가 내놓은 치밀한 전략으로 얼추 포장하겠지만 단, 전쟁을 치르기 전 알아 두어야 할 것이 있다.

전쟁을 치르고 나면, 우리가 그동안 애써 가꾸어 왔던 과거로부터 쭉 넘겨받아 왔던 아름다운 금수강산과 땅, 바다는 그 아름다웠던 옛 절경의 흔적을 말끔히 지워 버리고 초지는 불타오르고 불타오르는 화염에 땅은 점점 더 그 기능을 상실하고 황폐화된 땅에는 우리의 동식물들도 자취를 감추어 버리게 된다.

모든 생산 수단이 전시 체제로 돌입하게 되면 경제가 원활하게 잘 돌아가지 않는다.

대량 무기 제조에 투입하게 될 돈이라도 남아 있다던가? 아니면 수입을 해서라도 남의 나라한테 사 가지고 올 텐가? 어디, 그만한 돈이 한 해 치 예산 빼고 남아 있다던가?

구석구석을 샅샅이 뒤져 봐도 그만한 풍족한 재정은 남아 있지 않을 것이다.

따라서, 무기 하나 제조하려고 수백·수천억의 돈을 만들거나 다른 나라에서 빌리고자 한다면 그것은 전 국민에게 분노를 사게 하는 행동일 것이며 이 나라 국민들과 더불어 이 나라를 멸망으로 몰고 가려는 교활한 수단일 것이다.

지나간 역사를 되짚어 보아도, 칼로 흥한 자는 칼로 망하게 되어 있는 것이 세상의 이치이거늘 이것을 맹목적으로 비꼬아 말하는 건 본질적인 측면에서 맞지 않다고 본다.

　초기에는, 바르지 못한 부도덕한 현상들이 초판에 주도권을 잡고 불만 세력을 잠재우며 곧잘 통솔해 나간다고 할지라도, 언제까지나 최고 통치자에 대한 석연치 않은 앙금이 남아 있는 한 반대 세력은 다시 일어나 기필코 후일을 도모하여 봉기할 것이다. 그럼으로써 전쟁의 악순환은 또다시 반복될 것이다.

　도시의 수많은 건물이 파괴되고 학교, 병원, 공장 등 주요 시설들이 형체를 찾아 볼 수 없을 정도로 산산조각이 나 버리고 잿더미로 변해 버린 농경지는 기름진 옥토에서 불모지로 전락하여 식량 생산량도 부족해질 것이다. 수많은 인명 피해에 걷잡을 수 없이 도지는 전염병은 악령에 사로잡히듯, 사람과 사람 사이에 숨 쉬는 것조차 힘들게 만들고 곳곳이 파괴되어 폐허가 되어 버린 터를 원상태로 재건하는 데에도 몇 십 년의 세월이 흐를지도 모른다. 필시 전쟁에서 승리한 나라라 할지라도 피해 복구가 없는 것은 아니다.

　피차 피해 보는 건 마찬가지다.


　전쟁을 치르고 난 결과가 이러하온데, 그래도 전쟁을 일으키기 위해 용을 쓸 터인가?

아니면 서로 간에 한 발짝 물러서는 합의 조건 마련해서 서로 피 보는 일 없이 원만하게 순항해 나갈 수 있는 대화 구사법으로 전쟁이 일어날 수 있는 빌미를 애당초에 싹 잘라 버릴 테인가?

모쪼록, 전쟁으로 인한 상흔을 기억하고 싶지 않게 하려면 각국의 지도자는 주권을 가지고 있는 국민들의 생명과 재산을 자기 자신과도 같이 하나가 되게 혼연일체 시켜야 할 것이다. 국민의 안전을 저버리는 무모한 행동으로 모두가 패배하는 꼴, 보이게 하지 말자 이것이다.

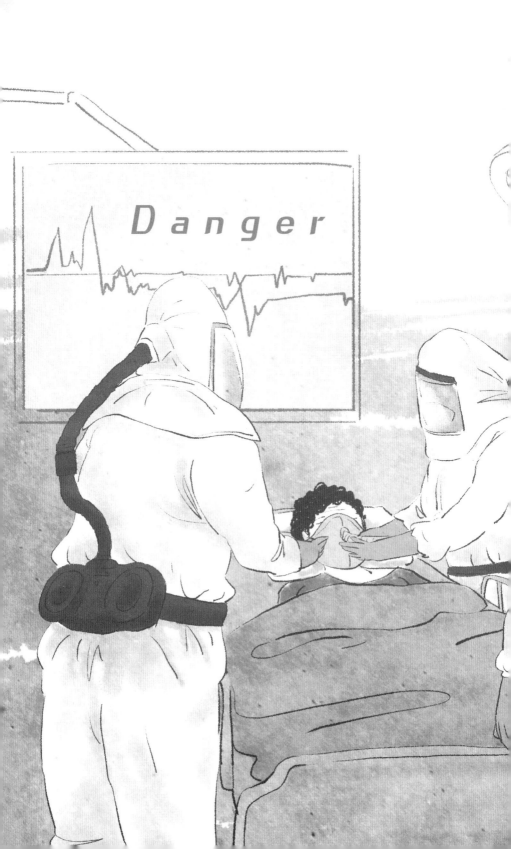

# 제3장

## 코로나19 바이러스와
## 인체 내부 승부

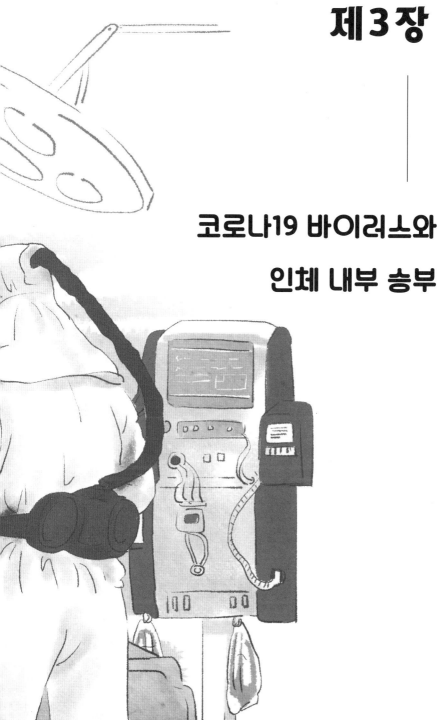

# *01*

코로나19 바이러스가

인체 세포 속에 침입하기 전에

인체 외부에서 미리

알아낼 수는 없는가?

우리 몸속에서 코로나19 바이러스가 세포 속으로 침입하려고 할 때, 우리 인간의 두 귀로 들을 수만 있다면 얼마나 좋을까? "코로나19 바이러스가 지금 당신의 세포 속으로 침투하려고 그러니, 어서 빨리 신속한 조치를 취해 코로나19 바이러스로부터 멀어질 수 있는 방법을 지금 시행하시오!"라고, 미리서부터 우리의 두 귀로 들을 수 있게 신호를 준다면 무심코 넋놓고 당하는 것보다 그래도 조금은 더 안정감이 들지 않을까 싶다.

　2주간의 잠복기를 거쳐 이상 증세가 나타난 후 뒤늦게 손을 쓰는 것보다도 미리서부터 병원체의 경로를 원천 차단해, 즉각적으로 적절한 방법으로 처치하면 되니 말이다.

　그리고 그보다 앞서 백신이 이미 개발되어 있는 상태라면 코로나의 세포 침입 최초 발견이나 코로나19 바이러스가 발병하고 나서 접종을 받는 것보다는 미리서부터 백신 접종을 완료해, 전염병이 발생할 수 있는 근원을 애초에 봉쇄할 수 있으니 코로나19 바이러스의 세포 침투를 두 귀로 확인하고, 치유하는 것이 무모하게 보일 수 있다.


　우리 몸속에 있는 세포들이 우리 몸속에서 일어나고 있는 위험한 상황(병원체 세포 침투로 인한 질병 발생)을 우리 인체 외부의 두 귀로 들을 수 있게 알려 준다면, 상황에 맞는 전략을 세울 수 있어서 좋기야 좋다. 그러나, 이에 앞서 이러한 병원균들을 멸균시킬 수 있는 고성능 백신이 이미 갖추어져 있는 상태라면, 우리의 두 귀로 위험한 상황을 감지할 수 있는 신통력이 있다 한들, 그리 대단하게 보이지도 않을 것이다. 고성능 백신을 써 버리면 그만인 것을 … 백신 접종하면 해결되니 말이다.

그러나, 병명이 아직 밝혀지지 않은 신종 바이러스라면 이러한 방법이 의외로 통할 수도 있을 것이다. 뚜렷한 병명도 모르는 신종 바이러스가 우리 사회에 급속도로 퍼져 확진자 및 사망자 규모가 점점 증가한다면 최초에 이러한 원인을 일으키게 한 바이러스를 색출해야 할 것이다. 그런데 우리 몸속에 있는 세포가 지금 몸속에서 신종 바이러스가 세포 속으로 침투하려고 하는 것을 실시간으로 우리의 두 귀로 들을 수 있게 알려 준다면, 상황은 다를 것이다. 그것도, 세포 속으로 침투하려는 바이러스의 명칭까지 정확하게 알고 있고 거기에 이 신종 바이러스를 제거할 수 있는 항바이러스제의 제조 방법과 제조에 쓰이는 재료 명칭까지 자세하게 알고 있고 또 우리의 몸속에서 일어나고 있는 상황에 관하여 잘 살펴보고 우리의 청력을 통해서 곧바로 알려 준다면, 우리 인간들의 고민은 속 시원히 사라질 것이다. 이름도 병명도 모르는 신종 바이러스에 대해서 알 수 있을뿐더러, 거기에 또 그 즉시 해결책을 제시해 주기까지 하였는데, 그간 공포로 뒤덮혔던 마음이 한시름 놓이지 않겠는가?

그러나 이런 즉흥적인 방법들은 그저 환상적인 이야기에 불과할 것이다.

먼 미래에서도 이러한 방법들이 실현된다는 것도 종잡기 어렵고 그런 시대가 온다는 것도 참으로 이해하기 곤란한 허무맹랑함으로 포장되어 있으니 말이다.

신종 바이러스가 급속도로 확산되어 있는 상태에서 한시가 급한 마당에, 연구 조사할 시간을 생략한 채 곧바로 신종 바이러스 병명, 제조 방법과 치료제를 미리 알 수 있다면 바이러스 전파 경로, 과거 전염성 바이러스 사례와 유사한 자료를 수집하고 연구 장비를 이용해서 신종 바이러스의 특징, 발생하게 된 원인, 백신 개발과 치료제에 대해서 연구해야 할 필요가 없다.

의료계에 종사하는 사람들이 책임지고 맡아서 해야 할 이러한 일들을, 우리 인체 외부의 두 귀로 해결할 수 있는 신통력이 갖추어져 있다면 신종 바이러스에 대해서 연구 조사해야 할 목적을 상실하게 되는 격이 되고 만다.

전염성 바이러스에 대해서 책임지고 맡은 바 업무를 수행해야 할 이런 의료 분야에서 생체 외부의 청력만으로 질병의 유무를 알아내고, 우리 인체 내부에서 병원체가 활발히 활동할 수 없는 상태로 처방할 수 있는 길이 열린다는 것은 현재의 의학 상식으로는 도저히 이해될 수 없는 참말로 보기 드문 현상일 것이다.

지금으로부터 10년, 20년이 지난 미래 세계에서도 이러한 보고도 믿기 힘든 의학 기술의 고난이도를 뛰어넘는 불가사의한 의료 치료 기법이 행해진다는 것도 실로 아연실색케 할 정도로 놀라움을 금할 수 없을 것이다.

질병의 근원이 되는 원인균을 밝혀내기 위하여 손으로 어떠한 장비를 이용한다던지, 손으로 어떤 도구를 잡고 물체와 접촉하고 눈으로 세심히 관찰해서 기록으로 남겨 두고, 또 이와 같은 반복적인 패턴으로 연구를 해 내야 질병이 일어나게 된 발생 원인, 생명을 구할 수 있는 치료제도 개발할 수 있을 텐데 이러한 손으로 만지고 눈으로 살펴보는 모든 행위가 금지된 상태에서 오직 청력만으로 병원체의 병명도 알아내고 그에 대한 해결책을 순전히 귀로 듣는 것으로만 치료 방법을 알아내 버린다면, 너무도 신기한 초능력 치료 기법이라고 보지 않겠냐 이 말이다. 더군다나 몸속 세포가 사람 말을 해서 "지금 신종 바이러스가 당신의 세포 속으로 침투하고 있으니 ○○치료제로 어서 신속히 치료하시오!"라고, 우리 두 귀로 들려주는 것도 참으로 난해하고 또는 우리 몸속에 특별한 암호 해독기

장치를 설치해서 만약, 우리 몸속에 있는 세포가 바이러스나 세균에 침투당하면 우리가 해석 가능한 상태로 우리 귀를 통해서 전달해 준다는 것도 너무나 공상 과학적이지 않을까?

 이런 모든 것도 다 코로나19 바이러스 사태가 우리에게 남겨 준 크고 작은 상처들로 인해 불안한 마음에 하루빨리라도 끔찍한 재앙에서 탈피하고자 하는 다급한 몸부림에 고안해 낸 비현실적인 처방전이 아닐까?

 코로나19 바이러스 사태에 둘러싸인 이 고난의 위기를 좀 더 누그러뜨리기 위한 막연한 탈출구 말이다.

# 02

## 코로나19 바이러스가 인체 세포와의 결합이 용이하지 않게 차단하는 방법은?

바야흐로 전 세계가 코로나19 바이러스 사태에 휘말리어 어두컴컴한 어둠 속에 갇혀 있는 형국이다. 불도저처럼 거침없이 밀어붙이는 코로나19의 확산세에 우왕좌왕 속수무책으로 당하기 일쑤였지만, 초저온 전자현미경이라는 귀중한 연구 장비 덕택에 메신저 리보핵산 방식 (mRNA), 바이러스 벡터방식, 재조합 방식, 불활성화 방식을 이용하여 화이자 백신, 모더나 백신, 아스트라제네카 백신, 얀센 백신, 노바백스 백신, 스푸트니크V 백신, 시노팜 백신, 시노백 백신 등을 개발할 수 있는 기틀을 마련할 수 있었다.

　이러한 백신들로 사납게 기승을 부리는 코로나19의 기세는 한풀 꺾이긴 하였지만, 또 우리들이 면역 상태에 길들여지려고 하는 찰나, 끝까지 코로나19 바이러스 개체 수를 보존하겠다는 코로나19 바이러스의 끈질긴 집념으로 이제는 우리들에게 고춧가루 뿌리기 작전으로 응수하며 맞불을 놓았다. 그깟, 백신에 저지당할 우리(코로나19 바이러스)가 아니라고 하듯 말이다. 바로, 변이 바이러스가 등장하였다. 그것도 각 나라별로 영국 변이 바이러스, 남아프리카공화국 변이 바이러스, 브라질 변이 바이러스, 인도 변이 바이러스, 나이지리아 변이 바이러스, 미국 변이 바이러스, 일본 변이 바이러스 등등이 또 출현하면서 집단 면역화라는 크나큰 과제를 안고 있는 갈 길 바쁜 우리들에게 제동을 걸어 왔다.

코로나 대공황 상태에 빠져 버린 우리들에게 천금 같은 백신 접종의 길이 열렸는데 그새를 못 참고, 자기 종족 어떻게 해서라도 보존해 보겠다고 아우성을 치니, 참으로 눈앞이 자욱한 안개와도 같다.

하기야, 바이러스 자신의 전매특허인 변신 기술을 빼놓고 바이러스의 특징을 논의한다면 바이러스 자신도 섭섭해 할 것이다.

코로나19 바이러스를 물리치기 위해 백신을 투여받고 우리 몸에 항원이 들어오게 되면, 우리 몸의 면역계는 비상 신호를 내린다. 외부의 낯선 침입자에 대해 방어 태세를 갖추고 항체를 생성해서 이들의 세포 침입을 절대로 허용할 수 없다는 강력한 경고장과도 같은 신호를 말이다. 그럼으로써 자신의 해야 할 임무를 지시 전달받은 면역 세포들은 코로나19 바이러스에 대적할 항체를 생성해 내, 이들이 세포 침입을 할 수 없게끔 이들과 결합하여 세포로의 접근을 사전에 차단시켜 버린다.

이렇게 시간이 경과되면 될수록, 자연히 코로나19 바이러스도 항체에 의해서 자신의 개체 수가 점차로 줄어들어 인체의 면역 물질에 압도당한 채, 궤멸되는 것은 시간문제인 듯 했다.

그러나, 그렇게 차질 없이 진행될 것만 같았던 집단 면역화에 대한 우리들의 애절한 바람도 그리 호락호락하게 실현되지 않았다.

앞서 말했듯이, 백신 접종으로 확진자 수를 줄여 나가려고 하는 도중에 난데없이 들이닥친 여러 종의 변이 바이러스와 백신 접종이 시작되고 난 후, 채 얼마의 시간이 지나가기도 전에 찾아오는 코로나 1차, 2차, 3차, 4차 대유행, 후진 국가의 현저히 낮은 백신 보급률, 그리고 아직까지도 백신 접종 초기 단계에서 조금 벗어날 듯 말 듯 한 더딘 속도로 인해 발목을 잡히고 있다.

게다가, 코로나19 변이 바이러스가 자신의 스파이크단백질 구조를 미미하게 변화시키는 바람에 세포와의 결합도 더 쉽고, 항체로서도 이들(코로나19 변이 바이러스)의 괴팍한 성질을 파악하는 데 곤란을 겪어, 기존의 코로나19 백신 예방 효과와 일치하지 않음으로써 차질을 빚고 있다.

오랜 시간이 지나가더라도 처음의 상태와 별반 차이가 나지 않은 백신 예방률을 유지해야 되는데 이것이 만약 어느 날 갑자기 30%의 백신 예방률로 급격히 곤두박질친다면, 집단 면역화로 가는 길도 성사되기 어려울 것이며 낮은 백신 예방률(30%)로 팔 걷어 부치고 자진해서 코로나19 예방 백신을 맞는 것도 기대 반, 의심 반으로 왠지 신뢰가 가지 않는 백신 예방률에 혹시 부작용이 생기지 않을까 노심초사하며 몸을 사릴 것이다.

　그렇다고 언제까지 이 변종 바이러스들이 무덤덤하게 활개 치는 꼴을 마냥 바라볼 수만은 없을 것이다. 어떻게 해서든 세포와의 결합을 용이하지 않게 차단할 수 있는 신기술을 도입하는 것이 급선무가 아닐까? 가령, 백신을 제조할 때, 화학 물질을 첨가하여 약독화해서 불활성화 상태로 만든 후, 인체에 주입해서 코로나19 바이러스가 안지오텐신전환효소 2(ACE 2) 단백질 수용체와 뉴로필린-1 단백질 수용체를 가지고 있는 세포를 식별하였어도, 세포와의 결합이 쉽게 이루어질 수 없도록 만들어 버리는 것이다. 즉, 인체에 들어올 항원에 미끌미끌한 성분으로 된 화학 물질을 첨가해, 우리 몸속에서 면역계가 반응하기 시작하고 항체가 만들어질 때, 역시 미끌미끌하게 포장된 항체가 코로나19 바이러스에 잔뜩 달라붙어 세포에게 닿으려고 하면, 저절로 미끄러져서 떨어지게 하는 전략을 세우는 것이다.

　말하자면, 참기름과 같은 원리를 사용해서 코로나19 바이러스가 세포와의 결합을 도저히 할 수 없게끔 멘붕 상태에 빠지게 하는 것이다.

　자신(코로나19 바이러스)이 그렇게도 좋아하는 안지오텐신전환효소 2와 뉴로필린-1 단백질 수용체를 가진 세포의 향긋한 냄새를 맡았어도, 세포에 찰싹 달라붙는 것조차 허용되지 않는 다면, 코로나19 바이러스는 이 미끄러운 항체에 의해서 빠르게 빠르게 개체 수가 감소되어 제거될 것이다. 또한, 세포에 결합 자체를 하지 못하게 되니, 물질 대사도 이루어지지 않기 때문에 이로 인한 돌연변이 바이러스도 생성하지 못하게 돼, 결국은 우리 인간이 개발해 낸 백신에 의해 완전히 제압당할 것이다.

혹은, 자성을 띤 성분의 화학 물질을 첨가해, 안지오텐신전환효소 2 단백질 수용체와 뉴로필린-1 단백질 수용체를 가지고 있는 세포 표면을 자석의 N극과 같은 성분으로 코팅시키고 새로 만들어질 항체 역시, 자석의 N극과 같은 성분이 함유된 채, 이러한 항체들이 코로나19 바이러스에 무더기로 달라붙어 만일, 코로나19 바이러스가 세포에게 가까이 결합하고자 한다면 자석의 N극과 같은 성분이 코로나19 바이러스를 감싸고 있는 항체의 N극이 함유된 성분 때문에 가까이 결합하고자 하여도 도저히 가까이 다가갈 수 없는(서로 밀어내는 힘 때문에) 상태가 되도록 해 버리는 것이다.

세포와 코로나19 바이러스가 도저히 만나지 못해 영영 떨어져 있는 상태로 지내다가, 백신에 의해서 완전히 제거되는 현상이 나타나게 하는 것이다. 바로 자석의 원리를 이용해서 말이다.

물론, 비현실적인 예방법이겠지만 만약 이러한 백신 제조 기술이 도입되기라도 한다면, 코로나19로 꽁꽁 얼어 버렸던 팬데믹 시대에 마침내 종지부를 찍고 이 여세를 몰아 그간 교착 상태에 빠졌던 세계 경제를 부흥시킬 수 있는 초석이 되지 않을까 한다.

# 03

## 코로나19
## 바이러스와 세포를
## 의인화시킨
## 싸움의 승자는?

인체 내 면역력이 떨어졌다. 다급한 신호와 함께 일제히 면역계가 반응하기 시작한다.

그리고 곧바로 면역 물질을 분비해 낸다. 그런데, 인체 내로 들어온 바이러스가 그동안 우리들이 보아 왔던 그런 보통 바이러스가 아니고 신종 코로나19 바이러스였다.

그러니 면역 물질을 애써 분비해 본들, 코로나19 바이러스를 제지하기에는 어려움이 따르지 않을 수 없었다. 그러나 이대로 바이러스가 인체 내 세포를 공격하는 꼴을 지켜보고 있을 수만은 없었다. 어떻게든 저들 바이러스에게 항거하여 인체 내 세포를 지켜 내야 된다. 하지만 코로나19 바이러스는 지금이 자신의 개체 수를 증식시킬 절호의 기회라 보고, 의기양양한 태도로 세포를 향해 위협하며 말한다.

코로나19 바이러스: 면역력이 떨어졌다고? 오냐! 잘 됐다! 너 (세포)한테 전염성 바이러스 걸려 버리게 해야겠다!

세포: 뭣! 감히, 나한테 전염병 심어 줘 버린다고? 이런, 우라질, 내가 너한테 가만히 당하고 있을 성싶으냐? 어디 한번 자신 있으면 들어와 봐라! 머리카락이 쭈뼛쭈뼛 서게 아주 당돌한 태도로 대응해 주겠다!

코로나19 바이러스: 뭐! 머리카락이 쭈뼛쭈뼛 서게 만든다고? 하이..고.. 이런, 오발해서 어쩌나... 나는 바이러스라서 머리카락이 없는데... 그 대신 머리카락처럼 쭈뼛쭈뼛하게 서 있는 스파이크단백질은 가지고 있지. 그동안 이 몸이 근질근질하던 찰나에 마침 면역력이 떨어져서 정말 잘됐구만. 이리 온... 세포야... 네가 우리 코로나19 바이러스들이 좋아하는 안지오텐신전환효소 2 단백질 수용체와 뉴로필린-1 단백질 수용체를 가지고 있는 세포라며? 그렇지 않아도 아주 오랜 시간 동안 내가 좋아하는 안지오텐신전환효소 2 단백질과 뉴로필린-1 단백질 냄새를 지독히도 맡고 싶었었는데 말이야. 그런데 때마침 네가 이렇게 내 앞에 딱 나타나 주어서 참말로 황송할 수밖에 없구만... 자, 그러면 세포야! 이리 온... 내가 너한테 찰싹 달라붙어 네 속에 있는 효소, 리보솜, 세포 소기관들을 싹 점령해서 나의 에너지원으로 만들고 세포 속에 들어 있는 모든 자원을 몽땅 뽑아 먹어서 나와 똑같은 바이러스를 복제해 내고, 번식해서 더욱 더 증강시킬 터이니...

세포: 야..이.. 나노입자 바이러스야! 어디서 감히, 너 따위가 우리 인간 세포 내로 들어와 허락도 없이 증식해 버린다고? 기껏해야 무생물 주제에, 혼자서는 절대 살아갈 수 없을뿐

더러 거기다가, 돈도 없고 빽도 없이 떠돌아다니는 무생물 주제가 인간 세포 내로 침입해 들어와 구걸하는 것도 봐줄까 말까한 상황에 뻔뻔스럽게 무료 숙식해서 기생해 버린다고? 우리 인간세포가 너를 위해서 어디 무료 봉사(거처를 마련해 주는 것)해야 된다는 이유 있어? 그리고 너! 기생권(기생할 수 있는 권리) 있어? 없어? 네 스스로 살아가지도 못하고 숙주 세포에게 빌붙어 살려면, 적어도 기생권(기생할 수 있는 권리)이라도 가지고 있어야 망할 놈의 바이러스라는 말은 살며시 피해 갈 것이 아닌가?

코로나19 바이러스: 뭣이! 망할 놈의 바이러스? 기생? 기생권? 어.. 허.. 이보게 세포! 난 그 따위 기생권 같은 건 다 필요 없어. 너희 인간의 면역력이 떨어졌기에 우리 바이러스들이 활동하는 데 최적의 환경이 갖추어졌다는 시그널(신호)을 받고, 이제는 우리들도 생명 활동도 하고 또 우리의 동족들을 많이 증식해 내어 우리의 존재를 오래오래 보존하기 위해서 숙주 세포에게 기생하는 것이 필수 불가결할 수밖에 없었어. 어디, 너희 세포만 생명 활동하라는 법 있어? 이래 뵈도, 난 그래도 핵산과 DNA를 엄연히 갖추고 있는 게놈(유전자 정보) 바이러스야. 무생물한테는 절대로 있어서는 안 되는 것이 특이하게 우리 바이러스들은 가지고 있다 이거야. 게놈

(유전자 정보)을 가지고 있으니 우리도 당당히 생명체로서 인정해 주고, 공손히 대접해야 할 것이야.

세포: 뭐... 생명체? 인정? 하..이..고 꼴에 또 생명체로서 인정은 받고 싶은가 보지? 그렇게 생명체로서 인정받고 싶다면 어디 주민자치센터에 가서 출생 신고도 다 했는가 보지? 그리고 그 떠돌이 신세로 남한테 빌붙어 기생하려고 한다면, 기생 신고도 마저 다 끝마쳐야 할 거야. 그래야, 기생권도 덤으로 발급받을 수 있을 것 아닌가? 혹시 설마, 이런 의무적인 절차도 없이 무허가로 무혈 입성하는 건 아니겠지? 그랬다가는, 허울 좋은 도둑놈 소리 듣기 딱 십상이니 말이야...

코로나19 바이러스: 뭐라고야? 허울 좋은 도둑놈? 오냐... 네가 요즘 방정맞은 입주둥아리 나불대고 싶어서 근질근질 했는가 보구나? 요번에, 인류 대공황 사태를 일으킨 장본인, 우리 코로나19 바이러스의 위력이 얼마나 무서운지 실감나게 해 줄 것이다. 안지오텐신과 뉴로필린-1 단백질 수용체, 어서 내 앞에 대령해라! 이 뾰족뾰족한 스파이크단백질로 세게 콱, 꽂아 주리라! 어서, 냉큼 이리 오너라! 어서!

세포: 허..이..구 가당치 않은 말씀, 접어 두시는 게 네 신상에 좋

을걸. 아니 아니 절대로 그렇게 너의 게놈(유전자 정보)이 우리 세포에게 기생하는 꼴, 더는 두고 볼 수 없어. 지금 이 시간에도 전염병과 싸워 이기려고 안간힘을 쓰고 있는 사람들이 얼마나 많은데. 그들을 위해서라도 우리 세포들도 갖은 힘을 다해서 전력을 기울일 것이야. 툭 까놓고 네가 우리 세포 표면에 달라붙는다 하여도, 아주 고약한 냄새를 내게 해서 네가 스스로 떨어져 나가게 할 것이다. 그러면 너와 너의 수많은 동족(코로나19 바이러스)은 전부 사멸하게 될 것이다.

그리고 또 우리 인간들이 개발해 낸 백신에 의해서 너희 코로나19 바이러스 군단은 차츰차츰 활동력을 잃고 서서히 몰락의 길을 걸어갈 것이다.

그러니, 애써 죽음을 자초하지 말거라. 어디 감히 스스로 물질 대사도 못하는 것이 함부로 세포 흉내를 내면서, 세포에 의존한 채 생명 활동을 하고 세포 소기관들을 이용해서 너의 자손들을 복제 및 번식시켜서 너의 개체 수를 대량 생산해 버리겠다고?

허튼 수작 부리려고 애쓰지 말고, 그동안 네가 우리 인간에게 해 놓은 짓은 이걸로 그만 청산해!


코로나19 바이러스: 허.. 이.. 구 빛 좋은 개살구 같은 소리 당장 집어치우시지 그래? 뭐.. 인간이 개발해 낸 백신이 있다구?

오냐! 그래.. 너희 인간이 개발해 낸 백신이 있다면 우리 바이러스에게는 마지막 비장의 무기인 변신술이 있지. 어디, 너희들이 그렇게 자랑하는 백신하고, 우리 바이러스들이 자랑하는 화려한 변신 기술하고 누가 이기나, 어디 한번 신나게 겨루어 보자. 슈퍼 백신이 온다 한들, 우리 바이러스들은 겁 안 먹어. 기존의 모습과 성질 다 바꿔 버릴 테니까. 우리들이 모습을 바꾸면, 너희들도 마찬가지로 백신을 또 만들겠지. 그런데, 백신 만들기가 좀처럼 쉽지 않을걸... 뭐, 기술이 좋다면, 5년 안에도 만들 수도 있겠지만 내가 알기로는 최소한 10년 이상의 긴 시간이 지나서야 제조되는 걸로 알고 있거든. 그러는 동안에(백신이 제조되는 기간 동안) 너희 인류의 생존자 수는 과연 몇 명이나 될까? 그리고, 전염병으로 죽은 사망자 수는 산더미로 쌓여 있을 테고, 어.. 이.. 구 차마 그 수를 헤아릴 수도 없을 만큼 산출조차 안 되는 구나... 어.. 이 세포! 이제 그만 승산 없는 싸움, 이쯤에서 접어 두지 그래. 그래도 나하고 한번 맞붙어 볼 터인가?

세포: 자만심이 기고만장하는구나. 통념상 그럴 수도 있겠지만, 아직 속단하기에는 이르다고 봐. 너희들이 아무리 백 년 묵은 여우처럼, 화려한 둔갑술을 가지고 있다 해도 백 년 묵은 여우도 자신의 결정적인 취약점이 있듯이, 너(코로나19 바

이러스) 또한 약점이 없다고 보지 않는다. 세밀하게 분석하여 최대한 빠른 시일 내에 집단 면역화로 가는 길을 재촉할 터이니, 더 이상 으스대는 행동은 나오지 않을 것이라 본다. 결코 우리 백신의 손아귀 안에서 자유롭지 못하게 할 것이다. 암, 틀림없이 그렇게 할 것이다.

그러니, 허황된 꿈 깨시고 지금의 현실을 파악해, 현실 세계를 바로 보는 게 좋을 것이야...

# 제 4 장

코로나19 바이러스
피해로 인해 후퇴한 자가
가야 할 곳은?

# 01

## 코로나19
## 바이러스 확진자

아무리 못해도 보통 사람과 같은 체력은 최소한 갖추고 있을 것이라 자신하고 있었던 사람이 별안간 코로나19 확진자라는 진단 결과를 받게 된다면 정말로 기절초풍할 일일 것이다.

평균 치사율이 과거에 존재했던 바이러스 전염병을 충분히 제칠 정도로 까무러칠 정도는 아니지만, 지금의 이 시국이 상대를 마주 보고 이야기를 꺼내기조차 미안하기 그지없는 공포의 코로나19 시대에 속해 있는지라, 확진자가 되었다는 것 자체만으로 온몸이 동결되고 억장이 무너지는 기분이 들 것이다. 치사율에 비해, 코로나 19의 전파력은 그보다 훨씬 더 높은 수준이므로 꼭 감기에 걸린 것처럼 하루하루에 발생되는 확진자 수는 수두룩하다.

워낙에 전파력이 세므로, 확진자의 주변에서 같은 일을 하는 밀접 접촉만으로도 양성 판정을 받아, 확진자가 될 수 있다.

대표적인 코로나19 증상으로는 고열과 기침, 가래, 목 아픔 증상, 호흡 곤란, 두통, 근육통을 수반하고 미각과 후각을 잃게 되는 것이 통상적인 증상이지만 이것도 이 중에서 어느 한 가지 증상만 나타나는 사람, 아니면 2~3가지 증상이 동시에 함께 나타나는 사람 등, 각 개인의 체질에 따라서 증세가 다르게 나타나는 것 같다.

그런데 코로나19 확진자 중에서도 특히 미각과 후각을 잃어버린 환자들이 유독 많이 생겨나는 것을 보면 코로나19 확진자의 특별한 공통적인 증상이자, 이러한 증상(미각과 후각을 잃어버린 증상)을 좀 더 면밀히 연구하다 보면, 코로나19 바이러스로 감염됐던 몸을 회복시키는 완치 시기도 조금 더 빨라지지 않을까 내심 생각해 보는 바이다.

코로나 검사를 받고 난 후, 코로나19 양성 판정을 받아 코로나 확진자가 되면 증상의 경중에 따라서 병원(중증 환자)으로 가는 확진자와, 생활치료센터(경증 환자)로 가는 확진자로 나누어진다고 한다. 병원으로 가게 되는 중증 확진자는 폐렴 증상과 호흡 곤란 증세가 특히 더 심각함으로 집중적인 치료에 매진해서 증상을 호전시키는 데 앞장서고 있고, 생활치료센터로 입소하는 경증확진자는 증상이 대체로 가벼워, 약 10일 정도가 지나서 발열이 없고 특별한 증상이 발견되지 않으면 격리 해제된다.

치료 시설(생활치료센터)은 대개 주변이 쾌적하고 깔끔하게 고급화되어 있어서 잠시나마 귀빈 대접받는 듯한 인상을 풍기게 하지만, 그 대신 자유로운 개인 활동이 엄격히 통제되어 있고, 의료진과 센터 근무자들의 지시에 따라야 함으로 한편으로는 또 희비가 엇갈린다.

이곳에서 나오는 음식들은 제시간마다 규칙적으로 삼시 세끼가 꼬박꼬박 제공된다.

음식의 맛, 음식의 종류, 음식의 차림새는 질적인 면에서 여타 병원에서 먹는 음식보다는 더 낫다고 이구동성으로 말하고 있다. 하지만 그것도 그리 반갑게 대할 만한 서비스는 아닌 것 같다. 여기에 입소한 환자 대부분이 미각과 후각을 잃어버려, 아무리 임금님 수라상 같은 진수성찬을 배급해 준다 해도 음식 본연의 맛을 도통 느끼지 못하니 식욕으로 포만감을 누리고자 하는 마음은커녕, 특유의 음식 냄새도 잘 맡지 못하니 바로 앞의 맛있는 음식을 차려 두고 울상을 지어야만 하는 생활치료센터 코로나 확진자의 애타는 마음을 그 누가 알아 주랴.

거기에다가, 바깥출입도 엄격히 금지돼, 실내에서만 생활하다 보니 운동량도 부족해 방금 먹었던 음식물이 소화하는 데에도, 한참 시간이 지나야 함으로 그 다음 식사 시간에 음식을 먹고 싶은 충동이 생기지 않는다.

그리고 생활치료센터에 있는 동안, 매일 오전과 오후 2번에 걸쳐 체온, 산소 포화도, 혈압을 측정기로 증상 체크한 후, 전화나 임상증상 기록지에 작성해서 의료진에게 보고해 주어야 한다.

생활치료센터에서 격리되어 있는 동안에는 코로나 증상이 특별히 더 악화되거나 건강 상태가 나날이 더 쇠약해지지 않는다고 본다. 더러는, 폐쇄된 환경에 적응하지 못해 평상시 해 오던 자신만의 루틴에 부조화를 일으켜, 과민 반응으로 인해 병을 더 키울 수도 있겠지만 여기에서 나가는(퇴소하는) 환자들의 몸 상태가 입소한 날보다는 대개 증상이 많이 누그러진 상태에서 퇴소하기 때문에 그렇게 창살 없는 감옥에서 우울하게 하루하루를 보낸 그 시간만 갑갑하게 여겼을 것이다.

본인 자신이 코로나19 바이러스에 감염되었다고 해서, 극도로 깊은 공포감에 사로잡힐 필요까지는 없어도 될 것이다. 보다시피 누적 확진자 수는 엄청나게 많을지언정, 치사율은 낮으므로 코로나 확진자라고하여, 누구나 다 죽어야 하는 병은 아니다. 게다가 병원이 아닌, 생활치료센터로 입소한 확진자라면 비교적 가벼운 증상이기에 마지막 잎새가 다 떨어져 버리면 자기의 목숨도 다 끝나 갈 것이라고 생각하는 사람처럼, 혹여나 그러한 이미지를 떠올려서도 안 될 것이며 치유의 끈을 결코 놓아서도 아니 될 것이다.

그렇게 하루하루를 나 자신에게 용기를 북돋우어 주어라. "아직까지는 괜찮아! 이 정도의 증상은 내가 충분히 이겨 낼 수 있는 고통이니 10일째가 되면, 그간 잃어버렸던 음식의 맛도 살짝 느껴질 것이며 맡을 수 없었던 냄새도 다시 한번 코 킁킁대고 힘 있게 맡는다면, 아주 미세하게나마 맡을 수 있는 권리, 누리지 마라고 누가 법률로 규정짓기라도 하겠는가?"라고 본인 자신에게 억지로라도 확신을 심어 주라 이 말이다.

그렇게 하여 입소 후 10일이 경과될 즈음에는 특별한 이상 증세도 별로 안 나타나고 발열 수치도 내려가, 더 이상 감염 전파력이 없다고 판단될 시 격리 해제 기준을 충족하여 자유로운 몸 상태를 되찾을 수 있을 것이다.

그러나, 바깥으로 나와 자유를 찾았다고 해서 조금 느슨해진 일상생활을 해선 아니 될 것이다.

자신이 코로나 확진자가 되어 봤기에, 그러한 증상과 고통을 누구보다 더 잘 알고 있을 것이다.

코로나19 바이러스가 자신에게 안겨 준 피해에 대해서 경각심을 갖고, 다시는 이러한 상황이 찾아오지 않도록 몸조리 잘하자.

# 02

일시휴직자

남들 한참 일할 시간에 이렇게 홀로 집에 남아 외롭게 시간만 보낸다면 정말로 답답할 것이다. 남들은 어엿한 직장인으로써 지금 이 시간에도 회사 업무를 수행해 나가면서 꼬박꼬박 월급도 챙겨 받으며 결코 기죽지 않는 경제인으로서의 면모를 유감없이 보여 주고 있을 때에, 자기 자신은 예기치 않은 무급휴직으로 말미암아 직장으로 향하는 길에 브레이크가 걸려, 생계 활동에 적신호가 켜진다면 누구나 다들 비상사태 호루라기를 불려고 할 것이다.

　"제발, 나 좀 구조해 줘! 나는 아직도 경제 활동을 해야 할 성성한 나이대에 속하고 체질상, 건강하니 지금 일손을 놓기에는 너무나 억울하다!"고, 말이다.

　그러나 삽시간에 불어닥친 코로나19 사태에 각 기업은 외국과의 수출·입 진출로가 제대로 뚫리지 않아 부진한 실적으로 적자에 시달리고 있다. 하루빨리 물품을 완성하여 출고를 해야 이윤 획득이 되는데, 수입산 부품이 원만히 조달되지 않은 현 실정에서 어디서 필요한 부품을 구해 올 것이며, 그렇다고 부품을 만들 만한 여건도 갖추어져 있지 않으니 없는 부품으로 굳이 기계 가동을 할 필요가 있겠는가? 더군다나, 보관 창고에 수출해야 할 물품들은 잔뜩 쌓여져 있는데 거래해야 할 외국 기업이 코로나19 경고 단계로 인해 확 돌아서서, 셧다운 해 버린다면 창고에 재고품은 가득 적체되어 있어도(쌓여 있어도) 이미 상대 기업은 업무를 정지해 버렸으니 출고시키고 싶어도 어떻게 해 볼 도리가 없다.

이렇게 수출·입 항로가 막혀 버린 기업들은 원자재(원료)를 들여오지도, 내보내지도 못하고 그렇다고 완성품을 해외로 수출하지도 못하는 실정이니, 그 동안의 적자를 감당하지 못해 도산 위기에 내몰리거나 아니면 도산을 선택하거나 그도 아니면 조업 중단으로 방향을 틀 수밖에 없다. 회사가 원만히 돌아가지 않으니 많은 일손이 있을 필요가 없게 된다.

사정이 이러하니, 주축 고정 인원만 회사에 배속한 채, 그 외의 억울한 이들은 타들어 가는 속내를 뒤로 하고 회사를 떠나야 한다. 회사가 돈을 벌지 못하게 되니, 일하는 사원들은 윗상사의 지시대로 회사에서 나가야 하지 않겠는가? 회사에서 자기를 다시 부를 때까지는 말이다. 바로 이런 이들이 일시휴직자이다.


이 외에도 직업 특성상 재택근무도 할 수 없는 대면 업무인 숙박업·음식업 등 서비스 업종에서도 수많은 일시휴직자가 대거 쏟아져 나왔다. 거의 모든 산업 분야가 코로나19 사태와 결부되어 있기 때문에 일시휴직자 문제는 이대로 유지되다가, 시간이 오래 지나가더라도 해소하기 어려운 상태로 끝날 공산이 크다.

잠시, 코로나 방역 수칙이 완화되거나 코로나19의 기세가 누그러진 틈을 타, 회사 사정이 잠깐 활기를 띠어 근무지에서 물러나 있던 일시휴직자들이 복직하는 케이스도 있긴 있겠지만, 현 상황이 팬데믹 시대에 속해 있고 바이러스 전염력이 가시지 않은 분위기라 어쩌면 이들은 일시휴직자의 경계를 넘어 실업자로 영영 전락할지도 모른다.

다행히 백신 공급이 보편화되어, 전염성 바이러스를 잡기 위해 집단 면역화가 단계적으로 실시되고 있긴 하지만, 나날이 증가하는 확진자로 인해 병상 부족과 의료 인력 수급에 차질을 빚고 있고 또 의료 시스템이 열등한 나라들은 그야말로 최악의 상황에서 기약 없는 코로나 치료에 발버둥 치는 현 실정을 보여 주고 있으니, 집단 면역화로 진행되는 속도는 더디기만 할 뿐이다.

이렇게 회사, 사업주 자체도 수익 실현에 쪼들리어 난항을 겪고 있는 이 마당에 이미 떠나보냈던 휴직자들을 달래어 어서 오라고 부를 수야 있겠는가? 가뜩이나 제 코가 석 자인데, 여기에서 더 편의를 봐주고 너만은 우리가 버리지 않고 6개월 내 복직시키겠다고 굳은 맹세를 하겠냐 이 말이다. 지금 당장 사업주가 돈이 없어, 끙끙대고 있는데 없는 돈을 진짜와 똑같이 만들기라도 하겠느냐 이 말이다. 결국 6개월 이내에 원래

의 근무지로 돌아가는 사람은 일부 인원에 지나지 않을 것이
다.

그렇게 6개월이 다 되어 가도록 자신의 원래 직장에 돌아가
지 못하는 휴직자들은 비경제 활동 인구나 그대로 실업자 신
세가 되고 만다. 실업자가 되어 버렸으니 원래 그곳으로 출근
하지도 못한다. 출근하지 못하니 수입도 없다. 출근을 못한다
고 하여, 마냥 자포자기할 수만은 없다. 따라서 부업이라도 해
야, 코딱지만 한 돈이라도 벌 수 있다.


지금의 이 시대에 태어나, 내가 현재 살아가고 있는 이곳은
천사 같은 순수한 사람들과 오순도순 살갑게 정을 나누며 평
생토록 평화의 나팔을 불고 사는, 그러한 행복의 꿈동산이 아
니라, 돈이 필요한 사회이다. 바로 자본 말이다. 자본(돈)이 있
어야 여러 사람에게 주거니 받거니, 주거니 받거니 하면서 편
리한 생활을 할 수 있다.

하여, 돈이 없으면 생명을 유지하기 버거운 인간의 몸이기
에, 생활 필수품을 얻기 위해서는 반드시 돈이 있어야 먹을 수
있고 입을 수 있고 또 안전한 보금자리에서 편하게 눕고 자고
인간의 욕구를 떳떳하게 누릴 수 있다. 할 수 없다. 이미 인간
으로 태어났으니, 인간들이 만들어 놓은 법을 따를 수밖에...

현대 사회에서 돈은 누구를 막론하고 필요하다. 일시휴직자라고해서, 실직자라고해서 넋 놓고 가만히 있으면 누가 뜨거운 공깃밥에 시원하고 얼큰한 국물 떠먹으라고 숟가락에 국그릇까지 알아서 제공해 주겠는가? 무슨 수를 써서라도 일용직이든, 막노동이든 기필코 내가 아직도 이 세상에서 엄연히 살아 있다는 것을 증명하기 위해서 적어도 사람 구실은 해야 하지 않겠는가? 스스로도 나는 이런 일을 충분히 할 수 있다는 자신감을 갖고, 또 언제 어느 때이든지 간에 이러한 일을 여실히 보여 줄 수 있는 실력을 내포하고 있다는 걸 당당히 내세우려면 말이다.

그러나, 지금의 코로나 시대에 부업으로 할 수 있을 만한 일자리는 그리 많지 않다. 다들 사업 부진에, 생산 중단에 가뜩이나 장사하는 상인들도 사회적 거리두기로 인해 매출이 큰 폭으로 감소해 일하는 직원들을 떠나보내고 있는 이 판국에, 구직자를 채용해 줄 수 있는 사업장은 흔하지 않을 것이고 또 개인(구직자)이 선호하는 업종도 아닐뿐더러, 설사 선호하는 업종이다 해도 이미 수백 명의 경쟁자가 그곳으로 취직하기 위해서 서둘러 진을 치려고 손을 썼을 것이다.

사회적 거리두기로 인해 사람 간 접촉이 더 심화되면서 어디 일할 사람, 받아줄 만한 사업장이 도통 눈에 잘 띄지 않으니 지금의 언택트 문화에 맞게 언택트 문화인에 맞는 일자리를 구해야 하는 것일까? 그렇다면, 정녕 재택근무밖에 떠오르는 대안은 없다는 말인가?

재택근무를 하려면 실력도 실력이지만, 이런 정보 통신 기기를 다루는 능력이 우수해야 한다.

정보 통신 기기를 사용하여 업무를 보기 때문에 남과는 다른, 솜씨에 또 전문가 못지않게 필력도 뛰어나야 한다. 여기에 준비가 미흡한 사람은 본연의 업종과 유사한 일자리를 찾아가는 게 좋다. 이왕지사, 그래도 손에 익숙하였던 일이 일 처리하는 요령도 있고 하니, 작업하는 데 방해되는 문제는 아무래도 덜 할 것이다.


이제는 나날이 변화하는 시대 변화에 맞게 디지털 기술들이 우리들의 일상에 들어와 손을 뻗치고 있다. 그래서 그런지, 본인의 직장에서 물러나 뚜렷한 생계를 아직까지 꾸려 가지 못하는 이들이 눈길을 돌리는 데가 디지털 노마드 같은 직업이다.

노트북이나 스마트폰 등 전자 기기를 이용하여 수익을 창출하는 방법이다.

그러나 이러한 것들을 잘 다루기 위해선 전문 교육 과정을 받아야 한다. 멋모르고 도전하다간, 낭패 보기 십상이다. 그리고 이러한 전자 기기를 이용하여 수익을 얻기 위해선 전자 기기를 잘 다루는 기술만 있다고 되는 것은 아니다. 이런 계통에서 하는 업무가 대부분 본인이 만든 콘텐츠를 업로드해서 인터넷상에 노출시켜, 소비자의 관심을 끌게 하는 작업이니 글쓰기 능력도 우수하고 언변력도 탁월해야 한다. 그래서 이런 계통에서 고정적으로 오래오래 일하고자 한다면 풍부한 글감을 지니고, 유창하게 글을 쓸 수 있는 솜씨를 잘 발휘해야 한다. 막힘없이 말이다.

또는, 유튜브 크리에이터로써 자신의 능력을 유감없이 보여주려고 마음을 먹었다면 비록, 온라인상이라도 떨리지 않고 말을 또박또박 구사할 수 있는 과감성을 지니고 있어야 한다.

이런 것들이 다 소비자(네티즌)에게 관심을 받아야, 자신의 수익을 창출하는 데 직결됨으로 이러한 능력들이 필히 더 요구되는 바이다. 소비자(네티즌)들로부터 방문자 수, 조회 수, 체류 시간이 많아야 디지털 노마드 직업을 잘 선택했다는 보람이 있을 것 아닌가?

그러나 이런 모든 것도 다 기초 없이는 훌륭한 실적을 낼 수 없으니, 초보자를 위한 전문 교육 과정을 받아야 한다. 혼자서 독학으로 하기엔, 버거운 면이 대다수를 차지하기에 일단은 전문가를 통하여 배워 놓고 응용해야 할 것이다. 본인 자신이 이 분야에서 오랫동안 활동하고 싶고, 더군다나 천직으로 삼고 싶다면 말이다.

따라서 지금이 코로나 환란으로 직장 구하기도 어렵고, 수입이 정지되어 있는 상태라면 차선책으로나마 디지털 방식의 일거리를 찾아보는 것도 자금 출처로써의 견인차 역할을 하지 않을까 싶다.

비대면으로 일을 하다 보니, 스트레스를 받을 일 없고 사회적 거리두기에서도 한결 더 자유로울 수 있으니 말이다. 하지만, 또 개인이 이렇게 숙련된 지식, 글 쓰는 능력, 화술이 뛰어나지 않다면, 재택근무에 능숙하지 않는다면 디지털 방식의 업무에서 떠나, 육체적인 노력을 기울여야 할 것이다. 아직 디지털 방식으로 일 처리하지 못하는 업종에서는 인간의 육체적 노동력을 필요로 하는 곳들도 있으니, 이러한 정보 통신 기기(전자 기기)에 열등하다고하여 너무 기죽을 필요까지는 없어도 된다.

봄에 재배한 농작물이 다 자라, 가을에 수확해야 하는데 힘이 들고 노동력이 부족하다고 하여, 이것을 PDF 문서 프로그램에 저장해 둔 전자 파일로 지금 당장 농작물을 수확하고, 사람 일손도 없이 해결할 수 있겠는가? 컴퓨터에 손이 달리고 발이 달리지도 않았는데, 스마트폰이 걸어 다니고 스마트폰에서 "나와라! 가제트 팔!, 가제트 다리!"라고, 할 수도 없는데 말이다. 인터넷상에서 말이다. 이렇게 만능 인공지능 로봇이 출현하기 전까지 인간이 직접 두 발로 걸어 다니고 손수 손을 이용하여 처리해야 할 노동력은 분명 있게 마련이다.

하여, 지금의 디지털 방식이 아날로그적인 사고방식들을 일부 조정해서 사물과 현상의 구분을 좀 더 뚜렷하게 하고 옳고 그름을 정확하게 나타낸다 할지라도, 다소 부드럽게 표현하는 아날로그적인 멋과 성질은 부족하기 마련이다. 따라서 지금이 악천후와 같은 코로나 대재앙 시대에 속한다 해도, 디지털 기술들이 아날로그 방식을 모두 다 흡수할 수는 없으므로 본인의 쓰임새에 맞게 수익 활동해 보자.

# 03

중소기업,

소상공인 및

자영업자

코로나19 위기로 인해 해외 수출이 부진하여 해결의 실마리 찾기에 동분서주하지만, 대재앙의 검은 안개 아래에 놓여 있는 이상, 빛바랜 실적 외에 무엇이 이들에게 호황 신호의 예정된 날짜를 암시라도 해 줄까?

코로나19 팬데믹으로 수출액은 큰 폭으로 감소하고 거기에다가 각 나라 간 무역 금지로 수입산 부품이 조달되지 않아, 생산을 중단할 수밖에 없는 어처구니없는 현실이 지금의 중소기업 속사정을 낱낱이 보여 준다. 어차피 해외로의 진출로가 막혀 버려 제 갈 길을 못 찾아 안절부절못하는 마당에, 차라리 무역(교역)을 통한 수출·입으로 활로를 모색하기 보단 내수 시장(내수 경제)으로 선회해, 현재 당면하고 있는 생산 중단의 위기를 잠시 보류시킨 후 해외 시장 진입으로부터 손실된 피해 규모를 국내 내수 시장으로 눈길을 돌려 보완점을 찾아본다면 쓰러져 가는 낭떠러지 직전의 위기 상황에서 한 고비를 넘길 수 있지 않을까 조심스레 생각해 본다.

어차피 생산품을 수출하지도, 유통시키지도 못한 제품들은 창고에 그득 쌓여 있을 것이고 이 제품들을 이대로 계속 재고해 놓을 수는 없다. 언제까지 생산 제품이 썩거나 변질되지 않으리라고 볼 수 없기 때문에, 또 오랜 기간 보존하는 데에도 철저한 관리가 필요함으로 되도록 빠른 시일 내에 재고 처리를 해야 한다.

값싼 조건으로라도 처분을 하든지, 아니면 또 다른 활로를 개척을 해야 지금 닥친 급한 불이라도 끌 수 있을 것이 아니겠는가? 사업자 통장에 단 얼마의 자금이라도 남아 있어야 직원들 월급도 주고, 앞으로 영업 활동을 계속 할는지, 아니면 사업 분야를 변경하던지 정 상황이 여의치 않다면, 폐업 신고를 해서라도 차후를 도모해 나가는 길을 선택해야 할 것이다.

이대로 모든 것이 무너지는 꼴을 마냥 바라보고 있을 수는 없으니까 말이다.


원자재 가격은 점점 더 상승되지, 거기다가 최저 임금은 인상되고 주 52시간 적용되면 사업주로선 입에 풀칠하기도 버거워질 수 있다. 비단, 중·소 자영업자뿐만이 아니다.

공포의 코로나19의 타격을 심하게 받은 산업(도·소매업, 숙박, 음식업, 교육, 서비스업)등도 불시에 불완전한 갈림길에 놓여 있다. 차라리 자영업을 포기하고 부업거리라도 찾아 생계를 유지해 가느냐, 아니면 이렇게 어려운 가시밭길이라도 한번 자영업에 몸담은 이상, 죽이 됐든, 밥이 됐든 근근이 버티어 나가 자영업자의 자존심을 끝끝내 버리지 않을 것이라는 최후의 결단을 내리느냐 이것을 말이다.

그러나 현실은 이것마저도(양자택일) 본인이 결정권을 꽉 움켜쥐고 있어도 쉽사리 용납의 물꼬를 트지 못하도록 결정권을 좀 더 보류하라고 하는 것처럼 채근하고 있다.

여기에서 그동안의 손실액을 손해 보고, 가게를 그만두려고 해도 새로운 임차인(상점 주인)에게 권리금 받는 것도 막막하니 말이다. 가게를 처분해야, 새로운 취직자로 일을 하던 아니면 또 다른 분야의 업종으로 활로 모색을 하던, 시도할 수가 있는 데 뭐.. 이건 이도 저도 못한 난해한 입장에 처했으니 결정권자(자영업자)로선 고민하는 것도 고민하는 단말기를 들여와야 할 판인 것 같다.

코로나 사태가 갈수록 장기화로 흘러가는 국면을 보이고 있고, 또 여기에 사회적 거리두기 위반, 집합금지 위반, 영업제한시간 위반, 가뜩이나 고위험 시설로 분류돼, 일정 기간 동안 영업금지 조치라도 당하게 되면 그렇지 않아도 부족한 손님에, 수효는 더 줄어들고 위반한 과태료 부과를 또 미룰 수도 없는 입장에다가 영업금지라는 경고조치는 현금 흐름을 원천적으로 차단시켜 버림으로써 그대로 동결되어 버린다.

더더구나 재료비, 인건비 등 고정적으로 지출하는 비용에다가 건물주에 지불해 주어야 할 임대료까지 감안하면 이대로 점포를 운영해 나간다는 건, 어찌 보면 사치로까지 여겨질 수도 있다.

음식점을 비롯한 그 밖의 대면 업종에 종사하는 상인의 입장에서도 각 테이블마다 2m 이상씩 간격을 띄워 놓고 거기에 인원 수 제한에, 규정된 영업시간까지만 운영해야 하는 까다로운 조건에 아무리 손님이 가득찬다 해도 절반 이하일 텐데, 덩달아 매출도 반 토막 이하로 급감한 이 시점에 가게 문을 안 닫으면 오히려 그게 더 이상한 현상으로까지 보이니, 이러한 매출난국의 불황을 실제로 체험하고 있는 상당수 사장님의 고통을 그 누가 한 치의 오차 없이 자신 있게 대변할꼬?

긴급재난지원금으로 그동안의 손실을 조금이라도 보완해 주고자, 정부에서 지원금 제도를 시행하였지만, 어디까지나 이것도 그저 임시방편에 불과하다는 자영업자의 볼멘소리들이 들려오는 것을 보면 이것도 최후의 해결책 노릇을 한다고 장담하기엔 아직 이를 것 같다.

논둑 안에 가두어 둔 물이 폭우로 인해 논둑이 와르르 무너졌는데, 겨우 삽질 몇 번으로 무너진 논둑을 보수한다고 해도 지반이 약해, 얼마 못 가 붕괴되는 일이 되풀이되듯이 오로지 이건 땜질 처방에 지나지 않는다고 바라보고 있는 자영업자의 심정을 대충이나마 알 법도 하다.


진정, 이제는 정말로 고민이다. 이대로 계속 적자를 떠안고서라도 영업 행위를 계속 이어 나가야 할지, 아니면 지금 당장 배고픔의 해결을 위해서 피치 못할 사정으로 방역 수칙 준수를 살짝 어기어서, 최소한도 나와 내 가족의 건강과 안전을 위해 법률에 어긋난 행동이지만 피해액을 조금만 손해 보고 사업을 운영해 나가야 할지, 그도 아니면 아예 가게 문을 닫아야 할지를 말이다. 만약, 재수가 안 좋아 방역 수칙 위반에 발각이라도 되는 날이면, 그날로 바로 셔터를 내려야 할지도 모른다. 엎친 데 덮친 격으로 이전의 손실액도 크니 말이다.

차라리 내 명의로 된 건물주로써 상점을 운영해 나간다면 임대료 문제에서 조금은 해방될 수 있어 마음은 편할 것이다. 그렇지만 그런 건물조차도 소유하지 않은 자영업자로선 높은 임대료도 임대료이지만, 그렇다고 또 장사가 잘되도 건물 자체가 내 건물이 아니다 보니, 건물주가 무작정 임대료를 올려 버리면 장사가 잘되도 한숨 섞인 서러움이고 또 장사가 안되면 그 상태에서 더 곤두박질치게 되니 내 건물 소유하고 있는 그 기쁨을 누릴 날이 참말로 그립기만 할 뿐이다.


말썽쟁이 코로나 사태가 1년이 지난 지금의 이 시점에서도 호황스런 거리 풍경들과는 달리 전혀 다른 대조적인 모습만 보여 주고 있다. 공실은 차츰차츰 늘어나고 있고, 임대료를 깎아 준다 해도 돈 50만 원이 없어 허둥지둥하고 있는 이 판국에 섣불리 계약할 임차인(상인)도 없을뿐더러, 권리금을 절반으로 인하한다 해도 돌아다니는 관광객도 잘 보이지도 않고 손님들도 없고 학생들도 없는 이 마당에 과연, 불리한 조건을 떠안고 건물주와 계약하려는 상인이 있을까 한다.

지금도 거리 곳곳에는 텅 빈 건물에 "임대문의"라고 적혀 있는 딱지가 상가 점포 유리창에도, 셔터에도 우리들이 쉽게 보고 지나갈 수 있을 만큼 한눈에 쏙쏙 보여진다.

어디 건물뿐인가? 고층 빌딩에도 "임대문의" 안내문이 눈에 띄게 잘 보여진다. 그리고 현수막에도 임대문의 어서 빨리 연락 주시라는, 호소 안내문이 바람에 펄럭이면서 새로운 자영업자의 이목을 끌기 위해 부산하게 움직임을 보이고 있다.

정말로 이제는 어찌하란 말인가? 건물주들은 어서 오라고 손짓하고 있고, 여기에 또 자영업자들은 그곳으로 들어가고 싶어도 위기의식을 느끼게 하는 부담금 때문에 상가 안에서 막상 장사를 하고 싶어도 울분 섞인 나지막한 목소리로 빈 점포를 향해, 서러운 마음으로 이 말만 전할 뿐이다. "네(빈 점포)가 아무리 고공으로 치솟은 고물가라고 해도, 나만의 주특기인 장사 수완보다 더 특별하고 더 기이한 솜씨를 뽐낼 수 있다고, 관계 기관에 특허를 받고 어디 장담할 수 있다더냐?"라고, 한번 겨루어 보자고 하듯이 말이다.

정말로 이거 이러다가, 일정한 거처 없이 보따리 장사라도 해야 하는 것은 아닌지, 선전하고도 싶고 초조한 마음으로 가습 한쪽을 부여잡고 애통하게 하늘만 바라보고 싶어진다.

그렇지만 코로나 시국에 물들어 가고 있고, 건물주, 높은 임대료, 매출 급감, 손님 증발, 권리금, 인건비, 너희 자영업자들 사회적 거리두기 지켜라가 판을 치고 압박을 가해 와도, 시장 경제가 살아나지 못해 상권이 죽어 가는 현상이 생겨도 응당, 산 입에 거미줄을 칠 수는 없을 것이다.

내가 이 지금, 현 시점에 살아가고 있는, 아니 살기를 원하고 있는 하나의 생명체인데 그렇게 풍족한 재산이 없는들 코로나라는 괴현상으로 상권이 하나둘씩 떠나가는 것을 목격한 당사자로써 지금의 입지 조건이 편치 않는다 한들, 살아 있는 생명을 그대로 버림받게 내버려 두지 않을 것이다.


바다 위에 돛단배가 잠시 풍랑을 만나, 앞으로 전진하지 못하고 휘청휘청거려 옴짝달싹하지 못하는 처지라고 생각하자. 그렇지만 풍랑이 언제까지 이 돛단배를 쓰러뜨리기 위해 안간힘을 쓸 것이라 보지 않는다. 이 풍랑도 고작, 이 돛단배 하나 난파시키기 위해서 이 악물고 사력을 다하게 되면, 여기에 온갖 힘을 들이느라 남아 있는 힘이 저조하여 다음에 이 돛단배보다 더 크고 강한 선박을 휘청거리게 할 힘이 모자라, 자신(풍랑)의 제 역할을 다 못하기 때문에 굳이 이 돛단배와 혈전을 방불케 할 정도의 장기전은 치르지 않을 것이라고 보니, 지금이

찍소리도 금기시될 정도로 몹시 암울한 코로나19 시대라 해
도 하늘이 지금까지의 인간사를 초정밀 천리안으로 내다보고
있는 이상, 분명히 기사회생할 수 있는 여력은 남아 있게 해
줄 것이니 호조세가 보일 때까지 일손을 놓고 기다리기보다는
아침·점심·저녁밥을 챙겨 먹을 수 있을 정도의 건강한 체력이
라면 하다못해 단순노무직이든, 일용직이든 아니면 기존의 사
업 유지를 이어 가기 위해서 코로나 직격탄의 여파가 비교적
덜한 소상공인 자영업 사장님들의 기사거리나 노하우도 틈틈
이 눈으로 보고, 귀로 들어 보아 관망할 수 있는 지혜도 쌓아
보자.

# 제5장

## 코로나19 바이러스 사태를
## 예방하기 위한 전략

# 01

### 야생동물
### 서식지
### 보존

이번에 코로나19 바이러스 사태로 전 지구촌이 난리 법석된 요인도 어찌 보면, 우리 인간이 살아갈 수 있는 영역 범위를 더 넓혔다는 것이 코로나19 전염병을 맞게 된 결정적인 실수가 아니었나 하고 보고 있다. 무엇이 더 부족해서 그랬을까? 그렇게 하지 않으면 우리 인간 생활에 막대한 피해를 가져오고, 몸의 움직임이 그렇게 불편할 정도로 좁디좁은 생활 공간에 갇혀 있는 게 한이 되어서 수풀이 우거진 삼림지대에 눈길이 쏠려 야생동물들의 안식처인 구역에까지 넘나들어 수령이 오래 되든, 짧든 묻지도 따지지도 않고 마구 벌목하고 굴착기로 땅을 파고, 덤프트럭으로 실어 나르고, 불도저로 밀어 버려야만 거치적거렸던 것들이 조금이나마 해소될 것이라 믿어서 그렇게 하였을까?

그렇다. 요번에 우리 인간들을 혐오스러운 전염병 히스테리로 들끓게 하였던 주된 원인도 야생동물들이 옹기종기 모여 있는 서식지를 동물 대표의 허가를 받지도 않고, 무단 침입한 것이 오늘의 "너 역시, 경고장 건네주지 않고 소리 소문 없이 코로나19 바이러스로 된통 당해 봐!"라고 기인하지 않았나 보고 있다. 그것도 코로나19 바이러스의 원흉인 박쥐의 서식지를 기습적으로 침입한 것은 잠자는 사자의 코털을 건드린 격이나 다름없다.

산업화 추세와 맞물려 산업화를 추진하지 않으면 안 되는 지, 산업화 하지 않으면 경제 호황의 해법을 찾아내기가 어려운지, 산업화라는 미명 아래 개발하고 또 개발하면서 급기야 시끄러운 공사 소음과 함께 수많은 야생동물이 살아가고 있는 서식지까지 파고들어 갔다.

거기에다가 현재 멸종 위기종에 처해 있는 동물이 있거나 말거나 상관하지 않고 밀렵, 포획에, 밀거래까지, 거기에 한술 더 떠 이제는 식용으로도 이용해 버리니 이런 동물들이 살아갈 보금자리며 개체 수는 당연히 격감하지, 어디 인과율의 법칙에 어긋나게 도리어 증가하겠는가?

그러니, 박쥐가 살고 있는 서식지까지 침입했으니 살아갈 터전도 잃고 먹잇감도 감소되어 박쥐가 우리 인간들이 살고 있는 구역에까지 넘나들어 오면서 자연히 그들(박쥐)의 행동반경도 더 넓어지지 않겠는가? 그렇게 되다 보니, 우리 인간과 마주치는 빈도수도 늘어나고, 접촉할 확률이 높아지니 감염병에 걸릴 확률도 그만큼 더 높아지게 된다.

게다가 박쥐는 자기 몸속에 수백 종의 바이러스를 보유하고 있고 그중에는 인수공통감염병을 일으키는 코로나 바이러스도 지니고 있으므로 박쥐와의 접촉을 최대한 차단시켜야 감염병 위험에서 안심할 수 있다. 그런데 이렇게 전염병의 화근덩

어리인 박쥐의 서식지를 개발해서 활동할 수 있는 범위를 비좁게 만들고, 사라지게 하고, 밀렵, 포획, 밀거래에 함부로 잡아먹지 말라고 하여도 이 어리석은 변칙주의자 야만인들은 "우리들은 언제까지나 너희의 말을 안 들을란다!"라고 비웃듯, 거만에 찬 목소리로 당당하게 부르짖는 이 한심한 의결동맹군들을 어찌 소탕하지 않을 수 있겠는가?

내 눈에 보이지 않는다고, 코로나19 바이러스를 다루기 쉬운 대상으로 너무 만만하게 보았을 것이다. 그러나 명심하기 바란다. 코로나, 입으로나, 눈으로나, 침투할 수 있는 이 바이러스를 문제시 삼지 않고 소홀히 대해선 결코 아니 될 것이다.

지금도 우리가 이 바이러스 때문에 새로운 국면에 접어들지 못하고 경제 발전의 활로를 찾지 못해 시름시름 앓고 있는 서민들의 답답한 현 실정을 말이다. 우리가 먼저 대자연에 위기 조장하게 하였으니, 대자연이 우리네 인간들에게 앙갚음해 준 이 잔혹사를 이제는 이쯤에서 끝내야 한다.

더 이상 문란한 행위로 말미암아 자연에게 손찌검하는 무분별한 개체 파괴 행위는 대자연으로부터 일격의 카운터펀치를 얻어맞고 영원히 일어서지 못하는 마지막 잔혹사로 대단원의 막을 내릴 수도 있으니, 대자연이 우리 인간에게 확실하게 배앓이를 맛보게 해 준 이번 사태를 다시는 결코 잊어서는 안 될 것이며 길이길이 새겨 두어야 할 것이다.

# 02

## 기후온난화현상
## 방지

그 때에는 코로나19 바이러스라는 게 있었지

이제는 언제 들어 봐도 전혀 낯설게 들리지 않을 것이다. 온실가스 배출 감소, 기온 상승으로 인한 폭염, 열대야, 해수면 상승, 기후 변화 모두 온난화 현상에 대한 이야기이다.

지금과 같은 지구온난화현상으로 지구의 온도가 오르게 되면 야생동물들이 살아가는 서식지도 변하게 된다. 기후 변화로 인해 야생동물들이 살아갈 수 있는 지역이 그만큼 더 늘어남과 동시에 모기들의 서식지도 크게 늘고, 개체 수도 증가하게 되면서 전염성 있는 질병들도 더불어 커지게 된다.

코로나19 바이러스가 창궐하게 된 요인도 야생동물들의 서식지 파괴, 마구잡이 수렵, 식용 섭취 문제 등도 있지만 이와 더불어 과도한 온실가스 배출로 인한 기후 변화로 박쥐들이 살아갈 수 있는 환경이 알맞게 잘 조성됐다는 것도 추가로 덧붙일 수 있는 요인이다.

연구원들의 보고에 의하면, 지난 1세기 동안 박쥐들이 살아가고 있는 서식지가 크게 증가하고 또 수십 종의 박쥐도 함께 늘어났다는 것이 이를 더 증빙한다. 기후 변화로 인해 박쥐들이 살아가기에 아주 적당한 여건이 형성되면 그들의 개체 수는 날로 날로 증가하게 되고 덩달아 이들(박쥐)에게 노출되는 횟수도 많아져, 인간에게 해로운 바이러스를 전파할 확률도 점점 높아지게 된다. 그뿐만 아니라, 지구온난화현상으로 빙

하가 녹으면서 수백·수천 년 동안 얼음 속에 갇혀 있던 고대 세균과 고대 바이러스들이 다시 되살아나기도 한다.

빙하가 녹으면서 1년에 방출되는 세균과 바이러스의 수는 우리가 가히 상상도 하지 못할 엄청난 수치이다. 특히, 이 가운데 40%는 현재 인류가 아직도 채 알아내지 못한 유전자를 가지고 있어서 순전히 의문투성이에 휩싸여 있고, 우리 인간을 포함한 생태계에 새로운 위협으로도 작용한다고 하니, 온실가스 과다 배출 문제를 이대로 쉽게 두고 보아선 안 될 것 같다.


실제로, 과거 오래전 얼음 속에 갇혀 있던 세균이 외부로 방출되면서 수천 마리의 동물이 집단 떼죽음을 당했던 사례도 있다고 하니, 이거 생각보단 보통 큰일이 아니다.

어이구야... 갑자기, 다리가 후들후들 떨려 오고 긴장감이 드는 건 왜일까?

만약, 아직까지도 지구온난화현상이 미해결 과제로 남아, 온실가스 배출 감소에 저조한 실적만을 고스란히 보여 주어 이런 고대 세균·바이러스들이 인간 체내 세포에 침입해 들어와 본격적으로 활동 개시하게 되면, 지금까지 우리들이 겪어 보지 못했던 아마 상상을 초월하는 기가 막힌 슈퍼 바이러스 변종 돌연변이 전염병이 창궐해, 전 세계 인류를 멸종의 시나리

오로 설계해 나갈지도 모르니 지금이라도 정신 바짝 차려서 지구 온난화 가속시키는 주범(자동차 배기가스, 쓰레기 매립장, 화석 에너지 과다 사용, 지하자원 낭비 그 외 등등) 부추기지 말고, 바로 잡아 환경 보호에 앞장서 선조들이 과거시대 때부터 우리들에게 고이 물려준 자연 재산, 우리들의 일상생활에 막대한 피해를 초래하지 않는 상태로 파괴하지 않은 채, 고스란히 우리 후손들에게 현재를 살고 있는 우리들이 안전하게 물려주어야 할 것이다.

이런, 수백·수천 년간 얼음 속에 갇혀 있던 세균과 바이러스 중에는 우리 인간에게 치명적인 폐렴이나 그 밖의 각종 질병을 일으키게 하는 공포의 바이러스들이 섞여 있기 때문에 이전 시대의 천연두나 스페인독감 같은 대규모 참사를 당하지 않으려면, 이제는 다 같이 합심하여 온실가스 감축 의무에서 발 벗고 나서야 될 때라고 본다.

하나의 커다란 대륙이 해수면 상승으로 인하여 바다에 잠기고 있는데도, 우리 눈으로 측정이 불가하다고 하여 그저 가만히 수수방관하고 있다가, 뒤늦게 사태의 심각성을 깨닫고 기후변화협약서에 서명하는 어리석은 오점은 남기지 말자 이것이다.

생태계의 소울음 소리에 눈높이를 맞추자 이 말이다. 그 소리는, 눈높이를 낮춰야만 들을 수 있다. 인간이기에 말이다.

지금부터, 이렇게 하지 않으면 그때는 이미 늦다.

1997년 발효된 교토의정서처럼, 이리 빠지고 저리 빠지는 국가 간 이기주의 합리화로 기후변화협약 출범을 무력화하는 유명무실은 이제는 더 이상 반복되어져서는 아니 될 것이다.

# 03

코로나 위기가 대수냐?

그래도,

우리는 진화해 간다!

지금도 우리나라를 비롯해, 세계 곳곳에서는 코로나19 바이러스로 난리다.

지독히도 사그라들지도 않고 그런다고 누그러지지도 않는다. 웬만해선 말을 안 듣는 바이러스임에는 틀림없는 사실이다.

이제 이쯤에서 돌이킬 수도 없는 피해, 우리들에게 많이 안겨 주었다면 물러날 법도 한데, 무슨 놈의 계산 착오가 남아 있는지 우리들의 낭비된 에너지와, 자기(코로나19 바이러스)들의 바이러스 유효 기간이나 제대로 잘 측정하고 살펴보고 나서, 연장전을 치를 심산인지 아직까지도 지구촌에서 떠나지 아니하고 줄다리기를 하려는가 보다.

이제는 코로나 백신도 나오고, 백신 접종률도 점차적으로 높아지고 있는 추세이고, 면역력 보전에 방비 태세를 갖추고 있는데도 이렇게 옹고집으로 나오니, 이거 어디 푯말이라도 세워 "이 구역까지 침범하면 바이러스 과다 살포 죄로 코로나19 세금, 물게 할 것이다!"라고, 써 붙여야 할 성싶다.

우리가 그동안 마스크 착용 생활화와 사회적 거리두기 실천화로 전염병 확산 방지에 주력하고 상당한 애로 사항들을 견디어 내느라 무진장 촉각을 곤두세우고 있는 이 시점에 그 빈틈이라도 놓치지 않으려고 살살 눈치를 살피고 면역력에 마이

너스 작용을 불러와, 백신 부작용을 일으키거나 집단 면역화 속도를 더디게 하니 말이다.

정녕, 너희(코로나19 바이러스)들은 현재 이 모양, 이 상황에 변함없는 기쁨을 느끼고, 즐기고 싶다더냐? 이러한 상황에서 누가 바이러스 전염병에 걸려도 상관없이 이제껏 벌여 온 부끄러운 체면을 우리에게 보이기 싫다더냐? 부끄럽지 않다면, 그 누가 봐도 남 앞에 상당히 잘난 바이러스임을 자각하고 있는 것이 틀림없을 것이다.

그도 그럴 것이, 이래 봬도 모름지기 제 1급 법정전염병에 속하는 바이러스인지라, 자기들이 탐하고 있었던 대상은 어떻게 해서든지 억척스럽게 달라붙어 사생결단 낼 각오로 뭉쳐 있었을 것이다.


아무리 우리 인간이 이 지구상에서 여러 생물을 다스리고 살아가는 고등동물이라고 한다지만 기계보다 더 단단한 육체, 음식물을 섭취하지 않아도 무병장수할 수 있는 능력, 몸에 생긴 질병을 한 달 뒤에 오게 하도록 지연시키는 기술 등은 갖추고 있지 않다.

겉보기엔 이렇게 여러 생물을 통제하는 강인한 생명체 같지만, 실상은 압도적으로 대단하지 않은 불완전한 존재이다. 그저 언어와 도구를 사용하면서 우리 생활에 불편함을 줄이기 위해 연구하고 땀 흘려 노력해야 하는 평범한 존재이다. 완전하지 않기에, 우리가 잘 모르는 질병 앞에서는 속수무책으로 당하지 않더인가? 질병을 탄압할 수 있는 특별한 권리만 있다면, 그 누군들 마다하랴?

그리고 우리 인간은 경각(아주 짧은 시간)에도 목숨을 잃을 수도 있어, 언제 어디에서 사고가 일어나 자신이 위태로운 상태가 될지 알 수 없으니 참으로 답답할 뿐이다.

그래서 다들 그러하지 않더인가? 우리 인간도 하나의 자연의 일부에 지나지 않는다고.


산, 들, 강, 바다, 흙, 물, 공기도 우리 인간이 만들어 놓은 게 아니기 때문에 우리 마음대로 횡포할 수 없을뿐더러, 통제할 수도 없다. 만약 그랬다가는, 차후에 자연을 파괴한 주범으로 인간을 지목해 자연도 당한 만큼의 보복을 일으켜 무서운 자연재해로 역습을 가할 테니까 말이다.

그러기에 우리는 우리가 구할 수 있는 모든 것을 제공해 주는 이러한 자연에 감사하고 또 이런 자연에 의존해서 살아가야 하는 유한의 생명체를 가진 나약한 인간이기에 결코 함부로 얕잡아 봐서는 안 될 것이며 오래도록 정을 쌓아 온, 친근한 사이로 보호해 주고 감싸 주어야 한다.

왜, 다정한 친구 사이에서도 누구 한 사람이 아파하면, 자기가 하고 있던 일에 아쉬운 감정이 들어도 지금 내 옆에 병들어 가고 있는 친구를 돌보지 않으면 그 누가 손수 돌봐 줄 사람이 없다는 걸 통틀어 보아도, 한눈에 보고 알 수 있는 상황에서 진리의 수순대로 움직이지 않을 친구, 있다던가? 아마, 그러한 친구 사이에서는 치료제로 병을 치유하는 것이 아닌, 안정제만으로도 병을 치료할 수 있는 파급력이 상당할 것이다. 안정제라고 해서, 꼭 의약품만을 지칭하지는 않는다. 그러한 친구가 안정제와 같은 역할을 톡톡히 해냈다면 그걸로써 입증이 되는 것 아닌가?

보라. 이처럼, 우리들도 아프면 치료받고 돌봄을 받아야 된다. 극심한 고통을 이겨 낼 수 없는 나약한 인간이니 말이다. 그런데 이렇게 몸이 아프고 더 이상 못 견딜 정도로 위급한 처지에 놓여 있는데도 내 옆에 병시중해 주는 사람도 없고 그렇다고 나를 치료해 줄 치료약조차 없는 실정이라면, 당사자가 바라보는 환경은 그야말로 칠흑같이 어두울 것이다.

이런 때에 자연과 같은 든든한 보살핌이 있다면 심적으로나 신체적으로 괴로워했던 상처는 어느덧 한결 가실지도 모른다.

산에 오면, 맑은 새소리와 수목에서 뿜어져 나오는 산소가 우리의 몸을 정화시키고 상쾌하게 해 주지 않더인가? 분위기마저 평온하니, 일체의 잡스러움은 보기 좋게 사라져야 한다.

산길을 걸어 보라. 부지런히 걸어 보라. 그러다 보면, 등줄기에서 땀이 주르르 흘러내림과 동시에 이마, 가슴팍, 팬티, 속옷이고 뭣이고 간에 땀으로 범벅이 되고 힘겨워 가쁜 숨을 몰아쉴 것이다. 그러나 지칠 필요가 뭐가 있겠는가? 산, 들, 흙, 물, 돌, 공기 이러한 요소들이 바로 내 옆에 있고, 나의 이런 힘에 부치는 모든 모습을 지금까지 쭉 지켜보고 있었던 든든한 벗으로써 나 자신과 함께 조화로움을 이루어 낸다면, 그 무엇이 성가시고 걱정이 되겠는가? 고로, 나는 비로소 찾았다. 산길을 걸어 봄으로 해서 든든한 벗을 말이다. 이왕이면, 신고 있던 신발도 벗어 버린 채 맨발로 걸어 보자.

땅과 내 발바닥을 마찰시켜 모든 감각에게 울림을 전해 주자 이것이다. 흙길을 내 발바닥과 닿게 함으로써 정신이 집중되는 효과도 있을 것이다. 이따금씩 땅 위에 있는 거칠거칠한 나무의 뿌리, 크고 작은 뾰족한 돌들도 밟을 것이다. 그렇다고 순전히 아프다고만 할 게 아니라 내가 이들을 발로 밟고 있으니 내 자신이 공격자이고, 내가 더 유리한 입장이라고 생각하면 된다. 오히려, 상대의 발로 밟히는 대상이 더 불리한 형편에 놓여져 있다고 보지 않겠는가?

그리고 울퉁불퉁한 땅과 거칠거칠한 나무의 뿌리, 뾰족한 돌들을 밟음으로 해서 지압되는 효과도 따라온다. 우리의 손바닥뿐만이 아니고, 우리의 발바닥에도 혈 자리가 있어 지압하는 효과도 볼 수 있으니 이 얼마나 이로운 일인가? 그것도 의사나 간호사, 요양보호사의 도움도 받지 않고 순전히 스스로의 힘으로 내 신체를 꾹꾹 눌러 주고 약을 복용하지 않아도 꼭 약을 먹은 것처럼 덩달아 약리 작용이 일어나는 듯한 기분도 느끼니, 어이 좋지 아니 하다 하겠는가?

걸어 다닐 때마다, 발바닥을 디딜 때마다 저절로 지압도 되고 발바닥을 꾹꾹 눌러 줌으로써 혈액 순환도 원활하게 잘 돌아가니, 내 몸 안에 있는 질병, 이때를 틈타 어서 빨리 밖으로 빠져나와야 할 것이다. 내 몸이 신선한 자연과 만나 건강을 유지하겠다는 청신호를 주고 있는데, 끝까지 질병들은 이것을 알아차리지 못하고 몸 안의 면역 물질에 몰살당하는 억울함은 그 누가 책임져 손해 보상하지도 않고, 원상태로 몸속으로 병균을 도로 채우는 일도 이미 물 건너간, 불가능한 상태이기 때문에 맨발로 부지런히 지압 운동 되풀이하고 있을 때 사람 몸속에서 불건전한 놀이 하고 있는 갖가지 질병은 지금 요때를 적절한 타이밍으로 판단하여 일제히 사람 몸속에서 빠져나와야 된다 이 말이다.

고로, 코로나19 바이러스라고해서, 예외는 아닐 것이다. 제아무리 제1급 법정전염병으로써 위세를 떨치며 설쳐 댄다 해도, 꾸준히 꾸준히 발바닥을 자극시켜 주면 백신 못지않게 예방 효과 있으리라 본다.

바야흐로, 코로나19 전염병에 대한 여러 가지 백신이 나오고 있는 상태이지만 한편으론, 그와 더불어 돌연변이 바이러스들도 우후죽순 생겨 나오고 있다.

변이 바이러스들이 성능 면에서 백신보다 더 낫다고 볼 수 없지만, 그래도 바이러스가 진보해 나가려는 성질을 보인다면, 우리 백신들도 그에 발맞추어 한 단계 진일보한 업그레이드 백신을 개발할 필요가 있다.

지금도 코로나 확진자는 무더기로 발생하고 있고, 거동이 불편해 병석에 누워 지내는 환자도 다량 있다. 코로나19 전염병으로 이 세상과 유명을 달리한 사망자도 있다.

코로나19 바이러스가 도대체 언제까지 기승을 부릴지, 우리들의 시야로 내다보기에는 불투명하지만, 분명한 것은 이 전염병 사태가 현재보다 더 불거져 경제 질서가 와르르 무너지고 현금의 흐름이 동결돼, 백성들이 바깥에도 나오기 꺼려하는 원한에 사무친 소울음 소리는 반드시 막아 내야 한다는 것이다.

지금보다 사력을 다해서 역학 조사에 심혈을 기울여, 더 이상 코로나19 제1급 법정전염병이 활개 치지 못하도록 근절시키는 데에 앞장서야 할 것이다. 이미 백신으로 제명당한 바이러스라고 영구히 규명해 버리자.

인간들이 개발해 낸 백신으로 제압당했으니, 이제 앞으로 다시는 우리들에게 제1급 법정전염병으로 재생해서 뻔뻔스럽게 되돌아오는 긴급 사태는 벌어지지 않게 하자 이 말이다.

이미 한물간 전염병이 다시 고개 치켜들고, 우리들 눈앞에 불현듯 나타나 예전의 그 성질대로 또다시 마주치는 상황도 참으로 어색하지 않겠는가?

인간: "야! 너 예전에 우리 인간들에게 참으로 혹독한 시련을 안겨준 제1급 법정전염병 코로나19 바이러스 아니야? 우리가 알기로는 넌 그때, 우리 인간들이 개발해 낸 백신의 힘에 의해 완전히 자취를 감춘 줄로 알고 있었는데 대관절, 무슨 염치로 기어이 또 훼방을 놓으려고 찾아온 거니? 그것도 명색이 제1급 법정전염병에 속하는 바이러스라면, 상급 바이러스의 표준에 맞는 순리는 지켜야 되는 것 아니야?"

바이러스: "아니! 천만에... 나는 그때, 너희들(인간들)이 개발해 낸 백신에 의해 코로나19 바이러스를 더는 퍼뜨리지 못하고 실패해, 큰 참상을 맛보았지만 우리 바이러스들도 백신의 우수한 성분을 집중 조사 연구해서 그에 맞설 수 있는 보다 향상된 바이러스 형태로 진화해, 다시 너희들(인간들)에

게 전염병을 안겨 주려고 찾아온 거야!"

이렇게 얘기한다면 너무나도 황당한 말이 되지 않겠냐 이 말이다. 그러기에, 이제는 이러한 우리 인간들을 매우 가혹하게 괴롭혔던 제1급 법정전염병인 코로나19 바이러스를 과거에 우리들이 완전히 종식시켜 버린 바이러스로 인식하고, 더는 우리들에게 본때를 보여 주며 자신만만하게 활개 치지 못하도록, 과거에만 존속했던 코로나19 바이러스로 규명해야 할 것이다.

그러기 위해서 지금 이 시간에도 부지런히 백신 접종률을 높여서 영구 면역을 획득하여 더 이상 재발이 일어나지 않는 몸 상태로 탈바꿈시켜야 할 것이다. 그리고 앞으로는 코로나19 바이러스의 출현 행보를 보지 않기 위해서라도 법정에서 엄격하게 법의 심판대에 올려놓아 이미 몰락한 코로나19 바이러스로 명명백백하게 기억되게 해야 할 것이다.

# 제6장

## 앞으로 달라질
## 사회 환경

# 01

## 언택트 시대

그 때에는 코로나19 바이러스라는 게 있었지

언제부터인가 언택트 방식이 우리 사회에 기습 작전을 개시하기 시작했다. 우리들은 별 관심도 없었는데 말이다. 감히 우리들 보고, 기존의 컨택트 방식을 과감히 지워 버리고 언택트 방식을 도입하라고 하니, 영 달갑지 않은 처사로 여겨질 법도 할 것이다.

나는 이제껏 쭉 대면 방식만 추구했었는데 어디서 난데없이 비대면 요구 사항이 바람같이 날아오면 이것을, "아이고! 이게 웬 떡이냐!" 하면서, 이것을 흔쾌히 받아들일 사람이 있을까?

비대면 업무가 가능한 화이트칼라(사무직노동자)나 골든칼라(전문기술직) 종사자들은 재택근무가 가능한 직종이기에 수용할 수 있는 부분이라지만 생산직 노동자나 배송 기사, 식당 종업원, 유통 및 판매직, 서비스 업종들은 재택근무를 할 수 있는 범위에서 너무나도 벗어나 있기 때문에 이들에게는 그저 한숨만 깊어 갈 뿐이다.

그냥 그전처럼, 우리에게 익숙한 대면 근무 방식으로 생활해 나가면 될 것을 뭣 할라고 구태여 사람과 사람끼리 보지도 않고 어렵사리 비대면 근무 방식을 취하는지 언뜻 이해되지 않는 부분이 상당할 것이라고 생각한다. 그렇지만 이렇게라도 하지 않으면 안 되는 매우 곤란한 사태를 우리는 겪고야 말았다.

바로 코로나19 바이러스 창궐로 인하여 사람과 사람끼리 입을 통하여 말할 수 있는 권리를 약화하도록 제지하는 신속한 요구 사항 때문에 우리는 어쩔 수 없이 비대면 근무 방식을 받아들일 수밖에 없었다. 어찌나 그 전염성이 강했으면 사회적 거리두기로 서로 간의 간격도 띄워 버리고, 함부로 말할 수 없게 마스크로 입을 막고 말해야 했으며, 구성원 간에 서로 합심해 일을 하거나 즐길 수 있는 모임 자체도 인원수 제한이라는 명목 하에 철저히 금지시켜 버릴 정도였으니 보통 일개 바이러스가 아니라는 건 틀림없는 사실이었다.

이렇듯, 삽시간에 사회적 재앙을 몰고 온 코로나19 사건 때문에 각 기업,비영리 단체에서는 응급조치로 비대면 근무 방식을 취하거나 일시휴직으로 급박한 상황을 진정시킬 수밖에 없었다. 일시휴직으로 당분간 자신의 근무지를 잃어버린 사람들은 수입이 끊겨, 잠시나마 고충이 있긴 하였지만 그래도 이 코로나 여파가 진정세를 보이면, 언젠가 다시 내 직장에 복귀할 수 있으리라는 기대에 찬 희망은 갖고 있었다. 그렇지만, 이들이 도로 다시 직장에 복귀할 수 있는 확률은 그리 높지 않을 것이라 보고 있다.

지금도 코로나19 확진자는 계속해서 출현하고 있고, 변이 바이러스들이 자꾸만 돌출되다 보니, 상황이 여의치 않는 판국에 이들을 낙관적인 시각으로 바라보는 것도 한계가 있는 것 같다.

이들과 같이 일시휴직자의 신분에 처해 있는 사람은 다수가 생산직, 유통, 판매직, 배송 기사, 식당 종업원, 서비스직 종사자들이기 때문에 재택근무를 할 수 없다. 현장에 나가, 직접 돌아다니고 피부로 느끼고 접촉하고, 손으로 잘 매만져 주어야 회사가 잘 돌아갈 수 있는데, 재택근무를 할 수 없는 분야의 업무에 속해 있는지라 일시휴직의 충격을 고스란히 받아들여야만 했다.

이에 반해, 지식노동자(사무직 직원)들은 직장을 떠나서도 얼마든지 자신의 집에서 회사 업무를 수행할 수 있었기에 일시휴직의 고충을 안고 있는 사람들에 비해서는 그나마 마음이 한결 놓였다.

지식노동자라는 건, 지식으로 노동(일)한다는 말이다. 본인이 갖추고 있는 지식으로 일을 한다고 하니 IT(정보 통신 기술)나 컴퓨터 다루는 능력 면에서도 남보다 더 뛰어나고 업무에 지장을 초래할 정도로 저조한 실적을 보여 주어서도 안 될 것이다.

본인이 가지고 있는 특수한 역량과 남과 다른 사고력으로 몸의 움직임은 최소화한 채, 소근육의 움직임만으로 일을 하니, 다른 분야의 업종과 분명 차이가 있고, 비교적 활동 범위도 좁다.

회사 차원에서 이들(지식노동자)에게 재택근무라는 명령 하달을 내렸어도, 이들에게는 근무하는 장소만 바뀌었을 뿐, 수입도 끊기지 않고 출퇴근해야 하는 번잡스러움도 사라지고 교통비 절감에다가 또 업무도 현재 진행형이기 때문에 단순노동자들보다 더 유리한 위치에서 직장생활을 할 수 있다고 볼 수 있다. 그리고 전염병의 감염원에서도 좀 더 멀어질 수 있으니 두려움을 느끼지 않고 재택근무를 할 수 있다.

그렇다고 사무직노동자(화이트칼라)나 전문기술직(골든칼라)에 종사하는 사람들을 마냥, 추켜세워 두둔하지는 않는다. 코로나19라는 변수 때문에 사회적 업무 변경의 흐름대로 따라가다 보니, 이와 같은 현상이 일어났을 뿐, 특정 분야를 지칭해서 과한 혜택을 부여해 주지 않았을 것이다.

단순노무직이라고 해서 다들 회사를 뛰쳐나와 일시휴직자의 신분 상태가 된 건 아니다.

그중에는 오래된 회사의 경험으로 경력을 쌓아, 자신의 실력을 인정받아 자신의 자리를 고수하고 있는 사람도 있을 것이고, 이렇다 할 특별한 손재주는 가지고 있지 않더라도 그간의 성실함을 꾸준하게 여러 사람으로 하여금 보여 주었던 사람들도 아직까지 회사에 남아 있을 것이다.

단순노동자라고해서 무조건 일시휴직을 해야 한다는 권고는 없으니, 건물 청소 관리든, 식품조리 서비스든, 건설 및 채굴이든, 유지 보수 관리든, 배송 기사이든, 식당 종업원이든, 생산직 및 서비스 업종이 됐든지 간에 본인이 맡은 바 일에 책임을 갖고 최선을 다하고, 일시휴직의 결정권은 그냥 회사의 판단에 맡기면 된다. 일시휴직과 동시에 직장으로 다시 돌아오지 못할 확률이 높다 한들 뭐 어쩌겠는가? 자신의 역량은 비단, 이곳이 아니더라도 또 다른 곳에서(분야에서) 분명, 필수불가결하게 쓰일 수 있을 것이라는 희망으로 결코 주눅 들어선 아니 될 것이다.

언택트 대면 방식이 우리 사회에 들어와 기존의 소비 패턴이고 산업 체제이고 뭣이고 간에 크게 뒤흔들어 놓는다 한들, 우왕좌왕 헤매이지 말고 본인의 가야 할 길을 잊지 않고 내게 익숙하지 않는 일이라도, 실력을 쌓는 것을 주저하지 말아야 할 것이다.

# 02

## 4차 산업에 발맞추어
## 내가 현재 하고 있는
## 직업도 자동화되는가?

코로나19로 인해, 운영을 해야 할 회사가 운영을 하고 있지 않거나 침체기를 겪어 부분적으로 운영하는 사업장은 날로 날로 증가해, 이전에 비하여 일자리가 무척 많이 줄어들었다. 물에 빠진 생쥐 꼴로 오도 가도 못한 처지에 빠져 있는 사람들은 하루하루가 첩첩산중일 것이다.

일자리는 부족해서 손쉽게 들어갈 수도 없고 코로나 대공황 사태와 맞물리는 형국이니, 손 내밀어 잘 받아 주지도 않고 설령, 받아 준다 해도 육체 노동이 극심한 직종이어서 왠지 모르게 꺼려하는 사람도 있을 것이다.

에.. 고.. 이제는 지친다. 갈수록 지쳐만 간다.

"무엇 때문에 내가 이 고생을 해야 하는지.." 하고, 한탄스럽게 표명할 수도 있다. 회의감이 들어 일할 의욕이 생기지 않아서 걱정도 되겠지만 뭐 어찌하겠는가? 누군가가, 못마땅한 눈초리로 괄시를 한다고 해서, 같은 혈연관계나 동일한 부류끼리 어울려 사업체를 꾸려 간다 해도, 내게 맞는 마땅한 일자리가 보이지 않는다고 해서 빈둥빈둥 세월아 네월아 하면서 놀 수만은 없다. 직장을 구해, 생업 전선에 뛰어들어야 자신에게 남겨진 이익도 있을 것이며 고로, 필요한 생필품도 얻을 수 있다.

어렵사리 자신이 일할 직장을 구해 그 업무에 익숙한 상태라고 하자. 내가 현재 하고 있는 작업이 본인의 표준에 맞게 특별한 기술 없이 거뜬히 할 만한 일이라고 만족하고 있는가?

그럼, 한사코 회사가 사라지기 전까지는 악착같이 그 일에 매달리고 잘 유지해야 할 것이다.

내 일이니까 말이다. 그렇다면, 그 일을 누구 다른 사람보고, 대신하라고 부탁할 수 있겠는가?

자신 있게 내가 그 자리에서 물러나고, 내 일을 남에게 모두 맡겨 버린 채 스스로 내 직분을 상실하고 그 직장을 떠나는 것을 말이다.

아마, 모두가 다들 정상적인 사람이 아니라고 고개를 가로저을 것이다.

실직을 했으니 월급도 못 받을 것이다. 그런 상태(실직 상태)가 지속적으로 흘러가다 보면, 통장의 잔액도 줄어들고 살림살이는 나날이 가난해질 것이다. 자신이 다녔던 직장에서 나와 또 다른 곳에 취직한다는 건, 매번 물어봐도 거스를 수 없을 만큼 어렵다는 걸, 이제는 웬만한 사람들도 다 아는 사실이다. 그렇기에, 실직이 된다면 살림이 궁핍해지고 그 전에 내가 단 돈 몇 푼이면 가질 수 있었던 물품도 구입하기 꺼려하는 희망 사항으로 남을 수 있다.

그렇다. 모두가 다 자신의 직장에서 누구에 의해, 아니 누구보고 대신 내 일을 맡긴다는 것은 쉽사리 허용하지 않을 것이며 부정한 시선으로만 바라볼 것이다.

그런데, 이런 내 생각과는 달리 내가 하고 있는 작업을 기계에 의해서 자동화가 된다면 어떡하겠는가?

제4차 산업이라는 변화의 바람과 맞물리면서 각각의 산업 분야에 기계화가 도입되고 있다.

과학 문명의 크나큰 발전 아래, 그 모든 것을 연결 가능하도록 하는 것에 관건을 두고 있으니 최첨단 기기와 사물끼리 연결 체계가 성립되면, 우리는 보다 더 나은 서비스를 제공받고 보다 더 편리한 생활을 누릴 수 있을 것이다. 그와 더불어 컴퓨터로 만들어 놓은 가상 세계와 우리 인간의 연결 기능은 그야말로 그전에는 맛볼 수 없었던 새로운 현실감을 느끼게 해 줄 것이다. 현실에서는 차마 상상하지도 못했던 것들을 실제와 같은 느낌으로 체험하게 해 주니, 그 발전의 폭이 어디까지 갈지, 사뭇 궁금해지기도 한다.

이렇게 각각의 산업 분야에서 최첨단 기기와 사물들의 연결로 말미암아 기계화가 도입되고 각 생산 현장 라인에서 인력 대신 자동화로 생산 수단을 구축하고 있는 시스템을 볼 수 있고 또 지금도 생산 라인 자동화 시스템이 들어서면서 사람이 해야 할 일을 대신하고 있다.

그렇다면, 우리들이 현재 하고 있는 업무도 이런 자동화 기계에 의해서 자리바꿈해 주고, 상급자의 명령을 받아 직장에서 떠나야만 하는 것일까?

 필시, 내 업무는 기계에 의해서 절대로 대체될 수 없다고 완강히 뿌리쳐야 될까?

 아니면 내 능력과 기계의 능력을 대조해 보아, 업무 숙련도와 효율성의 차이를 파악해서 이것을 회사에 증거 자료로 제시해야 될까? 감히, 내 업무를 한낱 기계류가 따라 하고자 한다면, 썩 마음이 개운치 못할 것이다. 기계보다 못한 억울한 신세를 누구한테 하소연한다는 것도 사리에 맞지도 않고 게다가, 나한테 줘야 할 월급을 기계한테 바친다는 것도 관념상 이해되지 않을 수 있다. 그런다고 이해되지 않는들, 또 어떻게 하겠는가? 기계가 기어이 따라 하겠다는데..

 회사 차원에서도 매월 매월 지급해야 하는 인건비 문제를 절감하기 위해서 자동화 아이디어를 구상할 것이고 필시, 자동화 설치 비용이 조금 더 든다 한들, 다가올 앞날의 난제를 대비해 자동화로 더 많은 이윤을 극대화할 것이다. 그리고 대면 업무에서 혹여나 생겨날 수 있는 코로나 감염도 예방할 수 있기 때문에 자동화로 가닥이 잡힐 수도 있다.

 그러기 때문에 내가 현재 맡고 있는 일이 그저 단순 반복적으로 되풀이되고 있는 일인지, 아닌지 알아야 할 필요가 있다. 왜냐면, 기계의 성질이 그런 단순 반복적으로 되풀이되는 작업을 잘 따라 하니 말이다. 정교하고 복잡한 일은 기계도 잘 못한다. 하기야, 우리 인간도 복잡하고 고난이도 기술이 필요한 일은 좀처럼 따라하지 못하지 않는가?

그러니, 내가 현재 하고 있는 작업이 정형화되어 있으면서 늘 반복적으로 되풀이되고 있는 업무인지, 아닌지 유심히 잘 살펴볼 필요가 있다.

만약, 정형화되어 있고 단순하게 되풀이되고 있다면 내 자신에게 주어진 일을 자동화 기계가 대신할지도 모르니 말이다.

그동안 정말로 성실하게 단순 노동일을 해 왔지만, 4차 산업의 커져만 가는 진화 속도에 자신의 역량을 끝내 사수하지 못하고 자동화나 인공지능에게 반강제적으로 바톤 터치를 해야 한다면, 참으로 섭섭할 것이다.

결코, 기계가 우리의 일을 대신해, 모든 것을 장악하는 것을 내버려 두어선 안 될 것이다.

기계가 다루기에 복잡한 일은 사람의 일을 대신하기 어려움으로, 내가 현재 하고 있는 일이 기계화로 대체할 수 없는 업무에 속한다면, 비교적 안심할 수는 있다. 그래도 자동화가 되기 어려운 직종에 오래 근무하기 위해서는 부지런히 배우고 공부해야 할 것이다.

지금 이 시간에도 산업 현장 곳곳에는 무인화를 촉진시켜,

인간의 노동력이 점점 줄어들고 있다. 아마, 팬데믹 현상이 끝난다 해도 이런 분야는 자동화를 그대로 유지할 것이기에 막상, 이런 곳에서 일하고 싶어도 일자리가 모자라, 취직할 확률도 낮을 것이다.

연구 조사에 따르면, 미래에 사라질 수 있는 직업으로 계산원(판매직), 운전직, 텔레마케터, 법률 서비스직, 회계사, 세무사, 은행원 등등이 있다고 한다.

그러나, 재택근무가 안 된다고 해서, 자동화로 곧 대체될 직업에 처해 있다고 해서 낙심하기에는 아직 이르다고 본다.

지금도 인간과 인간 사이 상호 의존도가 높은 산업 시대에서 제아무리 기계 문명이 떡, 한자리를 차지한다 해도 인간만이 해낼 수 있는 인간 특유의 재치 있는 기술은 효과적으로 쓰일 수 있으니, 자동화로 진출할 수 있는 길을 쉽게 내주지 않을 것이며 자동화로 대체되는 것만이 능사는 아니라고 본다.

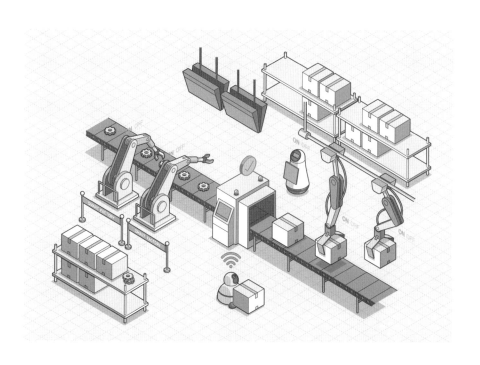

# 03

코로나19 바이러스
종식 이후의 시대

전염병이 사라지고 난 뒤의 사회적 현상은 과연 어떻게 전개될까?

코로나로부터 직격탄을 받은 피해자들에게 어림잡아 그 피해 규모를 수치화하여 산출해 보라고 한다면, 자연스레 입이 다물어지거나 목 메인 목소리로 돈으로 환산할 수조차 없는 액수라고 저마다 이구동성으로 나올 것이다.

코로나19 바이러스로부터 자신의 생명을 부지하지 못했거나 사랑하는 배우자, 가족 혹은 절친한 동료, 지인을 전염병으로 떠나보냈던 이들에게는 자신들의 절대적인 지주, 조력자를 잃어버림과 동시에 심리적 위축감과 들어오는 수입 면에서도 원천적으로 부족해지거나 차단되니, 몰락해 버린 삶을 도로 다시 일으켜 세우기란 꽤나 벅찰 것이다.

사회적인 활동 분야에서 침체기를 겪어 본 사람이라면, 경제적 고통과 정신적 고통으로 뿌리째 흔들려 버린 근간이란, 차마 이루 말할 수 없을 것이다.

코로나로부터 위기 극복을 하지 못해 피해를 입은 사람들은 진전된 양상을 보이기가 점점 어려울 테지만, 코로나19 바이러스로부터 살아남은 자들의 사회적 위상은 한층 더 올라가지 않을까 하고 내다본다.

그리고 코로나19 팬데믹 현상이 사라진 시대에서는 일하는 노동자의 임금이 이전 시대에 비해 상승할 것이라고 본다. 각

기업은 그동안 부족한 노동력으로 생산 물량을 대량으로 생산해 내지 못해 적자난의 심각한 후유증으로 갖은 고생을 겪고, 유통 통로도 막혀 버렸으니 그간(코로나 전염병 시기) 일시 정지된 상황에서 다시금 쌍방 간에 거래의 활로가 원활하게 트일지도 의문이고, 사업체의 경영을 재정비해야 할 틈도 모자랄 판국에, 도통 어디에서부터 손을 대야 하는지도 참으로 눈물겹다.

그렇지만, 어이 하겠는가? 도로 다시 회사를 운영하기 위해선 뿔뿔이 흩어진 조각들을 결합시키고 재건해야 된다. 모자라는 일손도 채워 넣어야 된다. 모자라는 일손을 채우려면 적지 않은 고민과 그전보다 웃돈을 더 얹어 주어야 하는 수고가 뒤따른다. 그전과 똑같은 액수의 임금을 지불하는 회사는 존립 자체가 불투명하고 오래 보전할 것이라고 낙관하기 어렵다.

그동안 참으로 견디기 어려웠던 코로나19 시대에서 사회적 거리두기 강화와 외부인 출입금지로 인한 엄격한 통제로 바깥 출입을 마음 놓고 하지 못했던 사람들은 개개인의 욕구 결핍을 해소하기 위해 무척이나마 마음 졸이며 들떠 있을 것이다. 의류 매장에서는 여느 평소 때와는 달리 고객들의 출입이 잦을 것이고, 소비자의 기호도 기능성 의복을 추구하려는 스타일이 뚜렷해지면서 이로 인한 의류 업계에서도 급격한 변화의 바람이 불어오리라 예상해 본다.

　코로나19 종식 이후의 시대에는 농산물(과일류) 가격이 인하되어, 그간 굳게 닫힌 소비자의 지갑을 한결 여유로운 마음으로 열어 볼 수 있는 기회가 다가올 것이고 주머니 사정이 열악했던 소비자들도 이때에는 미련 없이 구매할 수 있어, 그 어느 때와 달리 농산물(과일류)을 구입하는 소비자에게도 화색이 돌 것이다. 그렇지만 싼값에 오래도록 팔릴 것이라고는 보지 않는다.

　또한, 버려진 자원들을 재활용하여 생산하는 기업들의 성장세가 두드러지고 호황을 누릴 것이다.

　그중에서 종이 산업에 때 아닌 부흥이 일어날 것이라 예상한다.

　재활용할 수 있는 특유의 기술을 앞세워, 부진했던 실적을 개선시키고 만회하여 재활용 분야를 선도해 나갈 것이고 차세대 선두주자에 오르고 있는 인공지능·자동화 유망 분야 못지않게 두드러진 활약상을 선보이며 많은 수익 증가를 가져올 것이라 생각한다.

　또한, 자원을 재사용한다는 것에 머물지 않고 미래에도 이런 흐름이 끊김 없이 이어져 나가도록 획기적으로 활용할 방안을 소개해 주고 캠페인을 벌여, 우리 사회에 재사용 자원이 얼마나 효율적으로 쓰이는가와, 불필요한 생활용품 소비를 줄여 줄 수 있는지 되새겨 주고, 자원 낭비에서 오는 심각한 부주의로 인하여 소비자들의 소비 성향도 차차 바뀔 것이라 기대해 본다.

　　그리고 플라스틱 쓰레기 문제 또한 신속히 처리하여야 할 사회 문제가 아닐래야 아닐 수가 없다.

　　아니, 전 지구적인 환경 문제의 시험대에 올랐다고 봐야겠다. 플라스틱 바다, 플라스틱 땅, 플라스틱 섬, 플라스틱 산, 플라스틱 매립지에 또 플라스틱으로 수북이 쌓이도록 묻고 또 묻어야 하는가? 이제는, 이런 망언, 망조가 드는 행위는 가급적 물러나게 하기를 바란다.

　　플라스틱 폐기물 문제는 어제오늘의 문제가 아니다. 이전에도, 코로나19 바이러스 종식 이후의 시대에서도 자꾸자꾸 논의의 대상이 될 것이다.

　　수십·수백 년이 지나도 잘 분해되지 않을 플라스틱 폐기물이 바다에 둥둥 떠다니고 유입되면 태양빛, 바람, 충돌에 의해 미세하게 남아 있다가 바닷속 생물체가 섭식하고 또 이것(어류나 갑각류)을 우리 인간이 잡아서 섭취하면, 이것(어류나 갑각류)들과 같이 미세한 플라스틱도 함께 섭취하는 꼴이 되고 만다. 그리고 그 미세한 플라스틱이 우리 몸 안의 여러 장기에 쌓이고 쌓여 갖가지 질병을 유발시키게 하는 원인을 불러오게 할 수도 있으니 결국은 자업자득하는 결과를 낳게 한다. 버린 이가 있으니, 도로 다시 순환하여 최초 버린 이의 입속으로 들어간다. 이것이야말로 스스로 제 무덤을 파는 격이 아니겠는가?

연구 조사에 의하면, 이런 바닷속 어류나 갑각류의 몸속에서도 역시 미세 플라스틱이 검출됐다는 보고도 있고, 확인했다고도 하니, 더 말해서 무엇 하겠는가?

또 이런 플라스틱 폐기물이 땅속에 오랫동안 남아 있다면, 그것들이 잘게 잘게 쪼개어지고 그 미세한 플라스틱이 지하수로 유입되어 그 물을 또 우리 인간들이 맛있게 마시게 된다.

당연히 우리 눈에 그 미세한 플라스틱이 보이지 않으니까 그냥 멋도 모르고 맛있게 마신다.

아주 맛있게 말이다.

그러나 우리는 이러한 상황을 눈치 채지 못한다. 설마 내가 그러한 미세 플라스틱을 섭취할 리가 있겠냐고 말이다. 그렇게 미세한 플라스틱으로 변해 가는 과정을 직접 눈으로 보지 않고 주의 집중하여 귀 기울이지 않고 미세 플라스틱에 대해 도움 되는 정보를 제공해도 배우려 하지 않기 때문에 미세 플라스틱 얘기만 나오면 낯설게 대하려고 한다.

그러나 그렇게 인식 불가능하게 등한시하는 사이에도 미세 플라스틱은 지금도 계속해서 바다로, 땅속으로, 지하수로, 강으로, 호수로 유입되고 있으며 우리들은 이런 아주 작은 미세 플라스틱을 내 눈으로 직접 보지 않았다는 이유 하나만으로 아주 맛있게 맛있게 벌컥벌컥 마시고 있다. 내 몸속으로 몰래 들어온 미세 플라스틱이 내장 기관에 들러붙어 자리 잡고 있는지도 모른 채 말이다.

영구히 우리들 곁에서 지독히도 해로운 환경오염 물질을 무수히 대방출시키면서 오래도록 해로운 물질을 남기는 것보다, 차라리 우리의 금수강산을 불순물이 없는 상태로 후대에 길이 길이 보존하여 남겨 두는 것이 어쩌면 우리 인간들이 해야 할 일이면서 살아가는 이유이자, 우리가 모두 원하고자 하는 적합한 자연환경 아닐까?

우리들의 과오로 흐릿흐릿해질 비운적인 암운의 미래를 보느니, 지금 현재부터 잘 교정하여 차후에는 우리들의 식탁과 우리들의 실생활에 쓰이는 플라스틱 종류들이 자연적으로 분해되거나 재활용되는 생활 용품으로 대체되는 그러한 멋진 자연환경으로 변모되기를 바라보는 바이다.


한 번 쓰고 버리면 영구히 분해되지도 않을 각종 생활용품이 우리의 땅과 바다에 스며들어 오염원을 발생시키고 이곳에 서식하는 생물체가 편안하게 숨 쉴 수 있는 특별한 권리인 호흡을 방해해서 죽이고, 제(잘 분해되지도 않는 생활 용품) 수명을 오래도록 유지하면서 생명이 있는 생명체는 그 누구를 막론하고 끈질기게 달라붙어 해로운 환경오염 물질을 한도 끝도 없이 배출시켜, 이것(해로운 환경오염 물질)을 흡수한 생명체가 얼마나 처절하게 몸부림치면서 한이 맺혀 죽어 가는지 보고 듣는 이로 하여금 여실히 생동감 있게 자극을 주면서 우리들에게 뜻깊은 인상을 심어 줄 것이다.

먼 훗날에 자손 대대에 이르러, 한 아이가 식탁 위에서 맛있는 생선 반찬을 젓가락으로 집어 먹을 찰나에 생선 몸 안에 미세 플라스틱이 발견되어 아이가 옆에 있는 어머니에게 "엄마! 이게 도대체 뭐예요?"라고 묻자, 한 아이의 어머니가 "어머나! 이건, 2021년도에 우리 인간들이 바다에 버린 플라스틱이잖아! 수백 년이 지나왔는데도 아직까지 유통 기한 표시조차 지워지지 않았으니 …" 이런, 섬뜩한 시나리오는 이제 우리 손으로 벌어지지 않게 할 때가 되지 않았던가?

# 그 때에는 코로나19 바이러스라는 게 있었지

**1판 1쇄 발행** 2021년 10월 4일

**지은이** 이석호

**편집** 유별리

**펴낸곳** 하움출판사
**펴낸이** 문현광

**주소** 전라북도 군산시 수송로 315 하움출판사
**이메일** haum1000@naver.com　**홈페이지** haum.kr

**ISBN** 979-11-6440-843-6 (03330)

좋은 책을 만들겠습니다.
하움출판사는 독자 여러분의 의견에 항상 귀 기울이고 있습니다.

.